鳥居民評論集

現代中国を読み解く

鳥居民

Tami Torii

草思社

鳥居民評論集　現代中国を読み解く／目次

1　産経新聞「正論」コラム　二〇〇五～二〇一二

2　中国共産党の行動原理を読み解く

3　初期エッセイ

1　産経新聞「正論」コラム　二〇〇五〜二〇一二

階級闘争後の敵必要とした中国（二〇〇五・五・二六）

この欄で、多くの識者が中国の四月（二〇〇五年）来の「反日愛国」の騒ぎの分析、見通しを説き、そして、どのように対応すべきかについて述べてきている。

読者はうなずきながら、それらを読み、納得、理解はしても、やりきれなさ、あるさびしさを感じたことであろう。それは執筆した人たちも同じ気持ちにちがいない。

昔も今も変わらず、「目に見える敵」を必要としなければならない中国共産党にたいしてのやりきれない気持ちがあってのことだ。

かつて中国共産党は、なんの力も持っていない旧地主、旧富農を「ひとつの階級」として残し、かれらを差別し、敵として糾弾することによって、集団の団結と士気の維持を図ることをつづけた。

中国共産党の全幹部が、「階級闘争」の残酷さと理不尽さを骨身にしみて知ったのは、文革十年のあいだのことだった。

毛沢東の死のあと、力を取り戻したかれらは、「階級闘争」を放棄して、人の一生、その親族までの運命を定める「階級」のレッテル張りを廃止した。

そこで、代わりの敵が必要となった。中国共産党が日本を敵としたのは当然の道筋だった。われわれが気が重いのは、中国共産党の独裁統治が終わっても、子供のときから教え込まれた日本にたいする反発と憎しみは、向こう二世代、三世代にわたって、かれらの胸の底にしっかりと残るということである。

だが、このような重荷は、十九世紀からの帝国主義の時代に、世界分割に加わった先進国が、負わねばならない負債なのかもしれないと私は思うようになっている。

「過ちの懺悔《ざんげ》をしろ」だの、「過去の謝罪はとっくに終わっている」だのといった論議を超えて、かつての帝国主義国が直面している問題がある。

アメリカの政治学者、サミュエル・ハンチントン氏の『文明の衝突』という論文を記憶している人は多いにちがいない。かれはそのなかで、「引き裂かれた国家」という命題を提出し、西洋化と伝統文明のあいだで引き裂かれている国として、ロシア、トルコ、メキシコをあげた。

その論文から十一年あと、かれは『分断されるアメリカ』という大作を発表した。ここで論じられているのは、「引き裂かれた国家」アメリカである。

南の国境を越えて、アメリカ国内にメキシコ系ヒスパニックが「かつての自分たちの領域」に押し寄せてきており、五十年のちには、アメリカ人の五人に一人はメキシコ系ヒスパニックになるといわれている。ハンチントン氏が心配するのは、やがてはアメリカは英語とスペイン語という二言語の国になってしまうということだ。

私が思いだすのは、アメリカの歴史学者、アーサー・シュレジンジャー氏が、「アメリカ性の拒否、アメリカ人になることの拒否こそ、アメリカの解体とアメリカ人の終焉となる」と警告した文章である。これこそハンチントン氏が熱を込めて説いた『分断されるアメリカ』の主題なのである。

西ヨーロッパはどうであろう。

終局的にイスラム教徒が多数派を占めるようになり、「イスラム・ヨーロッパ」になってしまうだろうといった予測があるとおり、西ヨーロッパへのイスラム教徒の流入はつづいている。あるフランス人が、「もうひとつのフランス革命」が起きているのだと語って、「フランスの北アフリカ化、そしてヨーロッパの北アフリカ化」が進んでいると述べたことがある。

べつのフランス人の研究者は次のように説く。

これから向こう十年、イスラム教徒の心をとらえようとする戦いのもっとも重大な闘争は、パレスチナやイラクではなく、イスラム教徒が拡大を続けているロンドンやパリの郊外、ヨーロッパの他のコミュニティーで展開されることになろう、と。

アメリカ人になるつもりのない隣人、ヨーロッパの文化に反抗姿勢をとる隣人と、どのようにつきあっていったらいいのかという面倒な問題を、このさき長期にわたって抱え、ずっと悩みつづけなければならないのが、アメリカと西ヨーロッパの国々の宿命であるのなら、日本が背負わなければならない宿命は、このさき二世代、三世代にわたって、胸の底に憎しみを抱く隣人とつきあっていかねばならないということなのである。

強硬姿勢の裏に隠れた中国の本音（二〇〇五・七・一六）

ある国が他の国から望むものを得ようとするなら、代償を出さなければならない、この取引が外交である。

アメリカと中国の間の取引を見よう。一九九七年、中国はＷＴＯ（世界貿易機関）への加盟を是が非でもと願い、訪米した江沢民《こうたくみん》主席は代償を差し出し、農村で民主選挙を実施するとクリントン大統領に約束した。だが、ＷＴＯに加盟してしまえば、少数の村の民主化も中断させる。党書記が村のボスである仕組みを変えるつもりは毛頭ない。党が農地の支配を続けてこそ、その転用に際して、党機関は大もうけできるからだ。

昨年（二〇〇四年）三月に陳水扁《ちんすいへん》が台湾総統に当選して北京は大いに慌て、毎年続けてきた福建沿岸の東山島《とうざんとう》での上陸演習の準備を開始した。東山島は平坦な地勢で、台湾の澎湖島《ほうことう》に似ている。澎湖島は台湾本土から五〇キロ、東山島からは二〇〇キロの距離にある。

その演習に合わせて、六月に江主席は台湾を非難攻撃して、台湾との戦いは避けられないと説き、アメリカとの原爆戦争も覚悟の上だと大見えを切った。

理由があった。江氏は二〇〇二年に党総書記のポストを胡錦濤《こきんとう》氏に譲ったときに、党中央軍事委員会主席の椅子は譲ることなく、そればかりか、向こう二年間、党の最終決定権は自分が持つとの密約を胡氏と交わした。

そこで江氏が台湾、台湾と騒ぎ出し、この難しい工作は若い世代には任せられないと言い出したのは、党の最終決定権を九月に返上しても、党中央軍事委主席の椅子には座り続けようという魂胆があってのことだった。

アメリカもそう読んだはずだった。ところが、七月八日にはライス大統領補佐官（当時）が急ぎ北京を訪問する。

ライス補佐官は胡氏に江氏の好戦的態度についての説明を求め、さらに北朝鮮に影響力を行使してくれと言ったにちがいない。胡氏はほくそえんだであろう。ご老人には引退してもらうとほのめかし、取引に出て、代わりに台湾に圧力をかけてくれと言ったことは間違いない。

それから数日後の七月十二日、『人民日報』に長い論文が載った。向こう「二十年の稳定《おんてい》」「稳定が一切」を繰り返し説いた論文である。瀬戸際政策の火遊びをしている江氏への反論、警告だった。

ライス氏に説教されるまでもなかった。胡指導部にとって最重要の問題は台湾問題であるはずはない。一つだけ挙げよう。わずかな補償金で土地を奪われた農民の数は四〇〇〇万人にも上っている。党総書記から地方の党書記までが求めるものはただ一つ、「二十年の稳定」である。「穏定」あってこそ、アメリカ、台湾、日本が中国に工場を建設してくれるのだ。

「二十年の穏定」の論文が引き金になった。江氏にずっと従っていた部下たちが、彼に背を向けた。七月十二日の「穏定」の論文から二十日たらず後の八月一日、軍人節を慶祝しての国防部長のあいさつに、江沢民・党中央軍事委主席への賛辞がなかった。

東山島の演習は尻すぼみとなり、九月に江氏は正式に退陣した。アメリカは中国との約束を果たさざるを得なくなった。十二月の台湾立法院（国会に相当）選挙の前、米国務省のパウエル長官とアーミテージ副長官は、そろって陳水扁政府の公約を声高に非難しはじめた。両者の突然の不可解な態度にあぜんとした台湾の少なからぬ有権者が棄権してしまい、小差ながら、野党が優位を占める議会構成となった。取引は大成功と北京は大喜びだった。

ところで胡錦濤氏は、もう一つの約束を果たすつもりはなかった。繰り返すが、胡政権は「穏定」を保つことができるかどうかを一切の尺度としている。悪縁の深い隣国、北朝鮮の独裁政権を瓦解させるようなことをしたら、中国の「穏定」の根幹が揺らいでしまう。北朝鮮には指一本触れはしない。

アメリカといえば、その後も中国と取引をおこなってうまくいかず、浅はかなことをまたもやったと臍《ほぞ》をかんだ。

胡政権が願う「穏定」について最後に付け加えよう。今年四月に胡政権がおこなった反日運動の狙いの一つは、二カ月近くにわたって続けることになる長丁場の戦勝六十周年キャンペーンの予行演習だった。胡指導部は深刻な教訓を得た。中国共産党の存続に不可欠な反日宣伝と教育は当然ながら大々的におこなう。だが、中高生はもちろんのこと、大学生、国営企業従業員の街頭デモを許してはならない。「穏定が一切」なのである。

毛沢東の真実ひた隠す中国の事情　（二〇〇五・一〇・二）

二十世紀を代表する独裁者といったら、だれもがスターリン、ヒトラー、毛沢東《もうたくとう》の三人を挙げることになろう。彼らは、それぞれ大きな力をふるっただけでなく、三人が三人とも、日本が歩む道を変えさせたり、押し止めたりした。

だが、毛沢東の死からまもなく三十年となり、ヒトラー、スターリンの死からは五十年以上がたつ。彼らの力はとうに消えうせ、現在、スターリンに呪縛されている日本人はいないし、ヒトラーを全世界の基軸であったと尊敬する日本人もいない。

毛沢東を聖人と仰ぐ日本人も今はいないが、毛沢東の場合は、なじみ深い彼の肖像の記憶だけで終わらない。彼の亡霊が日中関係に大きな暗い影を投げかけている。

毛沢東、スターリン、ヒトラーの伝記や研究書はいまなお出版が続いているが、最近、私は北京に半世紀近く住んでいる中国人が書いた毛沢東の評伝『中国がひた隠す毛沢東の真実』（北海閑人著、寥建龍訳、草思社刊）の解説をつづる機会があって、毛沢東の人物像に改めて触れ、思いにふけることになった。

年金生活者となっている読者の中には、理想の地・延安といった夢を描いたことがその昔にあり、新中国を共産主義に献身的な人々の理想社会と夢見たこともあったのではないか。

だが、この著者は、われわれの延安への残夢を打ち砕いてしまう。そして著者は、かつての新中国の恐怖の密告システムの時代を記す。住まいの隣人、職場の同僚に裏切られるか、彼らを裏切るかの不安と憎しみ、自己嫌悪に苛《さいな》まれた日々の恐ろしい記憶だ。

そして著者は述べる。

「田舎でも都会でもいい。年配の人に聞くがいい。あなたがたのおじいさん、お父さんはどうして死んだかと。その半数はきっとこう答える。じいさんは三年間もつらい日々を送ったあげくに死んだ。父さんは十年の大動乱で死んだ」

「三年間」とは、毛沢東が全国民に命じた「大躍進」政策と人民公社創設の大混乱の果ての大災厄のことだ。「十年の大動乱」とは、誣告《ぶこく》と迫害と殺し合いの文化大革命のことだ。そして毛沢東の精神障害者のような夢の大計画と偏執狂的な権力への執着が、四〇〇〇万人から五〇〇〇万人の老若男女を殺したのだと著者は長嘆する。

筆者が批判するのは、現在の中国共産党が毛沢東の治世二十七年間の真実を隠し通そうとする姿勢だ。

たしかに、現在の第四世代の中国指導者であれば、毛沢東を批判しても、鄧小平《とうしょうへい》・江沢民の時代であれば投げかけられたであろう次のような非難を浴びせられることはない。

「では、なぜ彭徳懐《ほうとくかい》将軍が毛を批判したとき、彼に賛成しなかったのか。劉少奇《りゅうしょうき》国家主席がでたらめな罪名で断罪されようとしたとき、あんたは反対したのか。毛のことを輝く太陽と言っていたのだろう。いま、毛がそこの入り口から入ってきたら、真っ先に駆け出し、彼を迎え、主席万歳と叫ぶのはあんただろう」

現在の指導者はこんな批判とは無縁だが、毛沢東がやったことを正直に語ったら、彼のような人物に絶対の権力を与えた一党独裁を今も続けるのはなぜなのかという批判を抑えることができなくなる。

中国共産党は、現実的な利益から共産党のもっとも重要な命題であった階級闘争、マルクス主義の原則を切り捨ててしまったが、ただ一つ、絶対に捨てようとしない教義がある。共産党は「進歩的階級」の代表として、独裁専制を行う権利を持ち、党の指導者は、その党を代表する絶対の権利を持つというドグマだ。

そこで、この専制の教義を国民に押し付け、党幹部が享受する利益を守っていこうとする限り、毛沢東の独裁が四〇〇〇万人以上の人々を殺したという歴史を、ひたすら隠すことになる。

土地革命、農業集団化、文化大革命までの毛沢東の統治二十七年間の「歴史認識」をすることなく、共産党の独裁は正しいのだと教化、宣伝するためには、若い世代に教えるのはそれ以前のこと、すなわち日本と戦った延安の毛沢東の時代に戻って、反日教育を主眼とし、愛国、愛党を鼓吹《こすい》することである。

毛沢東がなおも徘徊し、日中関係に大きな影を投げかけていると最初に語ったのは、このことなのである。スターリン、ヒトラーを利用しようとする人はいないが、毛沢東を利用する人たちはいる。

中国人の大量流入警戒するロシア（二〇〇五・一一・二五）

ロシアのプーチン大統領が約五年ぶりに来日し、小泉首相との首脳会談が開かれたが、今回もまた北方四島の問題に進展はなかった。

ところで、私が思い浮かべるのはまったく別のことだ。もう四カ月も前のことになるが、中国のエリート軍人で朱徳《しゅとく》の孫という人物が、アメリカと核戦争をやろうと怪気炎をあげたことがある。読者のだれもが記憶していよう。

こんなおかしなことを言った人物は譴責《けんせき》されないのか、党は軍を抑えることができないのか、と思った人も多かったのである。彼は上級幹部から注意を受けたはずだと私は思っている。だがそれは、「バカなことをしゃべるんじゃない、アメリカを挑発したりするな」としかられたのではないと私は考えている。

実は朱成虎《しゆせいこ》・国防大学防務院長（少将）は、七月十四日のその「講話」で、核戦争によって「アメリカ問題」を解決してしまうと、おとぎ話を語った中で、次のようにしゃべっていた。

核戦争を開始するにあたっては、人口希薄なシベリア、中央アジア、蒙古に中国人を移住させ、中国の大きな問題「人口問題」をも同時に解決するのだ――と。これまた突拍子もない話をしたのである。

アメリカの政治家や軍人は、この中国軍人の恫喝を不愉快とは思っても、「この幼稚なほら吹きめが」と笑っただけであったろう。だが、ロシア人が思ったことは違ったはずだ。これを説明する前に、もう一つ別の話をしよう。核戦争と人口問題を結びつけて論じた朱院長でなくとも、中国人だれもが知っている次のような話である。

今世紀の末には、中国本土を除く全アジアに二億人の中国人が住むようになる。他に北アメリカには一億人、ヨーロッパに五〇〇〇万人、オーストラリアに五〇〇〇万人、アフリカに一〇〇〇万人……。推測の数字を並べただけで、まじめに取り上げるほどのものではないが、それでも気になるのは、「中国を除く全アジアに二億人の中国人が住む」ことになるというくだりだ。

まさか、ベトナム、インドネシア、インド、バングラデシュといった、人があふれる国に中国人が浸透するとは考えられない。中東のいくつもの都市にチャイナタウンができつつあるが、そこに住む人の数はしれていよう。

どこへ流れ込むのか。ロシアだ。まずはロシア極東地域である。カムチャツカ、サハリン、沿海地方、ハバロフスク、アムールといった州だ。二〇〇二年の人口は総計で七〇〇〇万人を切っている。十年前に比べ一〇〇〇万人の減少だ。

さて、ロシア極東地域に隣接する満州、東北地方には、一億四〇〇〇万人の中国人が住んでいる。中国公安の首脳が、中国全土のどこよりも、明日の騒乱を恐れる地域がそこである。ロシア政府は当然ながら、ロシア極東地域への中国人の浸透を阻止したい。なによりも、その地域の人びとがヨーロッパ・ロシアへ流出するのを食い止めたい。

そこでロシアは日本と結び、日本の経済協力によってロシア人の減少を防ぐというのが、日本の外交官、研究者、政治家が説いてきたことだ。北方四島の問題の解決も視野に入れての構想だ。

ところが、これがロシア政府の計画とはなっていない。石油価格の異常な高騰で、プーチン大統領は日本に頼る必要はないと考え、中国と組むようになっている。なによりもロシアと中国との利害が一致してのことだ。共通の敵はアメリカの民主化支援だ。

中国の党中央政治局の面々がもっとも恐れるのは、「和平演変」、英語で言えば「レジーム・チェンジ」（体制変革）だ。ロシアが恐れるのも同じだ。ブッシュ大統領はラトビアを訪問し、「自由主義へと移行したバルト三国は、専制から抜け出そうとする国々の貴重な前例だ」と説いた。

ロシアが中国と手を握れば、アメリカの同盟国・日本は、何十年ぶりかで再び両国の共通の敵となる。今年の初夏から夏にかけての中国の反日のシーズンには、ロシア政府の反日宣伝もなかなかのものだった。

本稿の初めで、中国の国防大学防務院長は譴責を受けたにちがいないと記し、しかし、彼がしかられたのはアメリカを恫喝したからではないと述べた。彼が叱責されたのは、ロシア人がもっとも警戒していることを迂闊《うかつ》にしゃべるなという警告だったはずだ。

さて、中露の奇妙な蜜月はいつまで続くのであろう。そこで、どのような対応を日本政府は考えているのか。

中国を脅威と述べて何が悪いのか（二〇〇六・一・一四）

新年である。年の初めには読者諸氏のだれもが、ほのぼのとした気分となる話をつづりたいと思いはしたのだが、結果的に楽しくない話をすることになる。

昨年十二月の中旬、民主党の新代表、前原誠司氏はワシントンで中国の脅威を説き、続いて中国を訪問した。

北京の中国外交学院で講演した前原氏は、中国は「十七年連続して毎年一〇％以上国防予算を増やしている」と指摘したうえ、「公表している二倍から三倍の軍事費が使われているのではないかとの指摘もある」と説き、「率直に脅威を感じている」と述べた。

北京政府は日本と台湾に対して、まったく同じ外交政策を採り、それぞれの政府をあしざまに非難し、それを口実にして無視を続け、その一方で、それぞれの国の野党と経済人を懐柔するといった戦術を続けてきた。

だが、胡錦濤主席は日本の最大野党の代表と会わなかった。「脅威を感じている」との前原氏の主張に反発したのだという。

さて、その前原氏が「脅威」を語ったのは誤りであると非難する主張が、日本国内にある。その一つを挙げてみよう。

前原氏が北京を訪ねて十日ほど後のこと。毎日新聞に同紙論説委員の金子秀敏氏が前原氏に対する痛烈な批判を載せた。

金子氏はこのなかで「『中国脅威』は中国がいま一番嫌がっている言葉」だと述べたうえ、「脅威を脅威と呼ばないのは、脅威の低減を目指すための外交の作法なのだ」と説いた。

誰もが知るとおり、昨日であると今日であるとを問わず、「中国脅威」が中国指導部が外国人に言われたくない言葉の筆頭なんかであるはずがない。

そもそも、前原氏は中国共産党の一党専制を非難したのではなく、言論の自由を説いたわけでもないのである。

仮に百歩譲って、細心さが売り物の胡錦濤主席が前原氏に会わなかったのは、彼の発言に反発してのことだったとしよう。だが、日本有数の中国通である金子氏が前原氏を批判するのは理解できない。

中国共産党の上級幹部たちは、アメリカの軍事覇権に挑戦しようとしているのは世界中で中国だけだと述べたアメリカ軍人の言葉に悦に入り、前原氏の主張を否定し、中国は脅威ではないと語る日本の政治家の小ざかしさを嘲笑しているだけでは済まないはずだ。

前原氏が取り上げ、問いかけた問題こそ、かれらの最大の課題のはずだ。かれらは軍事費を増やすのをやめよう、軍事費を削減しなければならないと考えているのだと私は想像している。

中国の軍事強化路線は恐怖に支えられたものではない。軍拡は、軍人としての履歴も政治委員の肩書も持たない江沢民氏の劣等感から始まった。いうまでもなく、冷戦時代、ソ連もアメリカも、恐怖が主たる理由で軍拡に突き進んだ。そして日本の政治家や研究者は忘れてしまっていようが、中国共産党の幹部が瞬時も忘れていないはずのことがある。

一九八〇年代の初めから、ソ連の軍備拡大路線に対抗して、レーガン政権がこれまた軍拡で対応してのその結末である。

ソ連の経済は極度に逼迫《ひっぱく》することになった。アメリカの軍拡戦略、そしてもう一つ、アメリカの人権外交はソ連の体制のもろさとその偽善を露呈させ、崩壊に導いた。

中国共産党の幹部たちは、経済成長さえすれば、すべての国民に医療や社会保障を提供できるようになると信じていた。

ところが、その大きな経済発展に甘え、江沢民前主席は戦略兵器を持つことによる「中国強大」の満足感から、軍拡を続けてしまった。

現在、中国は都市部だけで毎年二五〇〇万人に職を与えなければならない。だが、毎年、就職できるのは九〇〇万人にとどまる。土地を失った農民は、すでに五〇〇〇万人以上になる。

そのほかに多くの人が説いている通り、数多くの問題を中国は抱える。台湾に向けたミサイルやグアム島水域に向かう潜水艦は、これらの問題の一つをも解決しない。

繰り返すなら、ＳＳ20の配備で西側世界を脅そうとして、「亡党亡国」の憂き目にあったソ連共産党の教訓を嚙《か》み締めてほしいとまで前原氏は説いたわけではない。「率直に脅威を感じている」と語りかけただけだ。そのどこがいけないのだろうか。

中国政治の行方占う「胡・曽」関係（二〇〇六・三・二五）

中国で起きていることに関心を持つ人、それをどのように理解したらよいのか、日本はどう対応したらよいのかと考える人であれば、最近の論壇に現れた一つの分析・解釈に注意を払ったことがあるにちがいない。

その分析・解釈とは次のようなものだ。

「中国の指導者、胡錦濤主席の勢力と、前主席の江沢民氏の勢力との間で争いがなお続いており、胡主席は『対日新思考』のアドバルーンを上げさせ、日本への接近を試みようとした。だが、江グループがその努力を牽制した。昨年（二〇〇五年）四月の反日デモでは、江グループが胡勢力を揺さぶろうとして大動員した可能性がある。胡主席側はその沈静化に努め、その後の『抗日六十年記念』は反日デモを起こさせずに切り抜けた。だが、日本が対中強硬姿勢をとるようになったことが江派を利する結果となり、胡派を窮地に追い込むことになっている」

この分析・解釈は、小泉首相が靖国神社参拝に固執したことが、江派に利益をもたらしているのだとの示唆を生む形にもなっている。

このような分析を読んで、だれもが思い起こすのは、二十年前の一九八六年、時の首相、中曽根康弘氏が靖国神社の参拝を見送ったことであろう。中国共産党総書記、胡《こ》耀邦《ようほう》氏を擁護してのことだった。だが、中曽根氏の試みは無残な失敗に終わった。これについては、二月六日付の本欄で中嶋嶺雄氏が的確に論述したから、記憶している読者も多いはずである。

さて、現在の中国指導部の対立に土台を置いた論議をするのであれば、その対立の構図なるものに、もう少し目を向けなければならない。

胡グループと江グループの対立は、胡勢力と「上海幇《しゃんはいばん》」との争いであり、突き詰めれば胡氏と曽慶紅《そうけいこう》副主席との間の攻防だ、という主張がある。中国共産党の最高の意思決定機関、中央政治局常務委員会内の江派が、いわゆる「上海幇」と呼ばれるグループで、その「上海幇」の総帥《そうすい》が江氏の右腕だった曽氏だからだという見方だ。

だが、そのような見方は、いささかの修正・調整が必要であろう。来年秋に第十七回党大会が開かれ、そのときには「上海幇」なるものが壊滅してしまうことは今からはっきり予測できるからだ。

しかし、その中に曽氏は入らないだろう。かれは党の元勲を父に持つ、いわゆる「太子《たいし》系《けい》」である。いまや中国において貴族階級を形成している「太子系」は、自分たちの聖域を守る代表として、是が非でも曽氏に最高機関内でにらみを利かせてもらいたいと願っていよう。というのも、共産主義青年団出身の胡錦濤氏は一介の「平民」であり、その政治基盤は同じく同団出身の地方書記だからだ。

とはいっても、曽氏は単なる保守派、守旧派として買われているわけではない。かれは胡氏に勝る政治力量と視野を持つ。

「対日新思考」も、その背後には曽氏がいたという方が正しい。昨年四月の反日デモが党の狙い通りにいかず、暴発する気配を見せるや、直ちに抑えにかかったのは、これこそ本物の「上海幇」の首領である党上海市委員会書記の陳良宇《ちんりょうう》氏だ。そのかれを支持したのが曽氏だった。

その後、五月に曽、胡両氏は手を握ったのだと伝えた人がいる。江沢民氏の完全引退をスクープした米紙ニューヨーク・タイムズの北京駐在記者ジョゼフ・カーン氏で、昨年九月にそう述べている。そうなのかもしれない。江時代の徹底した反日教育の成果に手を焼くようになっていることも理由の一つで、二人は同盟を結んだのではないか。

だからといって、対日政策の大きな改善を直ちにかれらに期待すべきではない。かれらが協力するのであれば、できること、しなければならないのは、別の大きなことだ。

十四日に閉幕した今年の全国人民代表大会は、久しぶりにマルクス用語をちりばめた主張で埋められた。だが、中国が直面するいくつもの難問を解決するのは、情熱のかけらもない教義の唱和ではなく、軍事費を削減し、必要部門に回すことであろう。

江時代と本質的に変わりはなく、胡時代に入ってからも、軍指導部は二つの勢力を巧みに操って、軍事費を際限もなく増大させてきている。この先、胡氏と曽氏がしっかり組むのであれば、こうした軍部のわがままを抑えることができる。中国の安泰と東アジアの安全のために、この二人の緊密な協力をわれわれは望まねばならない。

東アジアのノムヒョン化狙う中国（二〇〇六・五・二六）

多くの読者は、拓殖大学学長の渡辺利夫氏が、五月十日付の本欄に執筆された「海洋勢力との連携こそ日本の選択」と題する文章を記憶されていよう。

渡辺氏は、その中で次のように説いた。

「『東アジア共同体』という妖怪がさまよっている。東アジア共同体構想には、中国の地域覇権主義が色濃く投影されており、共同体の形成は、日本はもとより、周辺アジア諸国にとっても危険なものとなろう」

そして、渡辺氏は次のように結んでいる。

「平面図ではなく、地球儀を北極の方から眺めると、一段と巨大な中国、ロシアというユーラシア大陸を北米、日本、台湾、東南アジア、西ヨーロッパなどの周辺部が取り囲むという図柄が見えてくる」

「大陸を取り囲む周辺国家群が『協働』し、大陸を牽制しながら相互の繁栄を図るというのが賢明な選択であることを、日本の近代史の成功と失敗は教えている」

大多数の読者は、渡辺氏のこのビジョンにうなずいたことと思う。私も渡辺氏の主張に賛成である。

ところで、同じように地球儀を眺めて、北京の中国共産党中央政治局のメンバーは現在、どのように考えているのだろう。

地球儀を見たときだけは、かれらはほおをゆるめるのではないか。知ってか知らずか、アメリカは大きな失策を二回、三回と繰り返し、中国共産党のために無償の協力をしてくれているからだ。

失策の中身については後で触れることとして、この先もアメリカをして、このような失策、過誤を続けさせることができれば、再来年の二〇〇八年には、台湾の総統には「ノムヒョン」が就くことになろう。

そして、中国はその後、台湾人の洗脳に取りかかる。尖閣諸島を梃子に、「ノムヒョン」をして、反日、侮日、反米、中華万歳で台湾を染め上げさせればよい。

そこで、いよいよ東アジアに大変革を引き起こす第二幕となる。

「大陸を取り囲む周辺国家群」の人々に、グアム島、沖縄、横須賀のアメリカ軍の巨大な戦力は、いかなる抑止力ともならないと知らしめ、東アジアの安定にとって最重要な基盤であると説かれてきた日米同盟は、張り子の虎であるのだと悟らせる。

そしてそうなれば、マレーシア、シンガポール、フィリピン、インドネシアの指導者たちもまた、「ノムヒョン」となるであろうし、ならせるのは容易だ。

とりわけ深い脱力感に沈むことになる日本については、「ノムヒョン」を首相に選ばせるようにさせることなど、わけのないことだ。

「ノムヒョン」とは誰か。言わずとしれた韓国の盧武鉉《ノムヒョン》大統領であり、盧武鉉大統領的な人物のことである。

二〇〇二年六月、韓国に駐留するアメリカ軍の装甲車が二人の女子中学生を轢《ひ》き、即死させた。この事件をめぐっては、韓国民を扇動して、反米感情を沸騰させようとたくらむ北朝鮮支持勢力が存分に活躍する格好の舞台となり、盧武鉉氏の政治姿勢に反対する野党勢力もアメリカも、何もできなかった。

少女の死から六カ月後、胸中に反米を隠す盧武鉉大統領は、北朝鮮への接近を一段と強め、さらに、それに反日政策を絡めるという手法でやってきたことは、読者がご存じのとおりである。

台湾についてはどうか。この五月初め、陳水扁総統が中南米を訪問するにあたって、ニューヨークか、サンフランシスコへの通過滞在を要望したのに対し、アメリカ政府はこれを認めなかった。

それより前に訪米した野党、国民党主席の馬英九《ばえいきゅう》氏に対する厚遇とは対照的な扱いをしたのである。

ゼーリック米国務副長官は、中国の言いなりになっていれば、北朝鮮とイランの核問題の解決のために、中国がアメリカに全面的に協力してくれると、前と変わらぬ同じ夢を見ているようだ。

しかし自主を願い、人権の尊重を求める大多数の台湾人の希望に冷笑を浴びせ、かれらを孤立と不安の淵に追い込み、専制国家への身売りをひそかに願う勢力に肩入れをして、アメリカが大西洋にとどまることができると考えるアメリカ人はいないはずだ。

アメリカはアジア太平洋の国だと考える多くのアメリカ人は、渡辺氏が説いた「海洋勢力との連携」の強化、発展を願っているはずである。

日本もカーター外交の誤り教訓に（二〇〇六・六・二七）

『朴正熙、最後の一日』（草思社）を読んだ。

著者の趙甲済氏は韓国第一級の言論人であり、本欄の執筆メンバーの一人でもある。趙氏は、韓国現代史のある長い夜、朴正熙《パクチョンヒ》大統領が暗殺された一日を完璧な構図の中で描ききった。

朴正熙は理想家だった。モラリストでもあった。だが、幻想家ではなかった。彼は時代が求めるものを追って、韓国を朝日の曙光《しょこう》の中に引き寄せた。

そこでこの本を読み終えた人は、誰もが思いに沈むにちがいない。

私もしばらく思いにふけった。日本人の美点と欠点をよく知り、日本に親しみを感じていた東アジアの大政治家のひとりが志半ばで倒れたことへの痛恨である。

もうひとつ、朴正熙が東アジアを代表する偉大なリーダーであったことを韓国のすべての人びとが認めようとしない自己分裂的な状況を悲しく思った。

朴正熙のその死からすでに二十七年の歳月がたつ。その年に起きたことを憶えているかと記憶力のいい友人に問うてみた。

憶えているさ、「懲罰」とか言って、中国軍がベトナムに侵攻した年だ、八代亜紀の「舟唄」が大ヒットした年だ、と即座に答えが返ってきた。私が首をかしげると、「お酒はぬるめの燗がいい」と歌ってみせた。

読者とともに昭和五十四年（一九七九年）を思いだしてみよう。

その年の二月十七日、たしかに中国軍はベトナムへ侵攻した。その戦いの設計者、鄧小平は、その戦いの前宣伝をワシントンと東京でしゃべって回り、戦いを開始してからは、戦いの不測の拡大を予防しようとして、これまた、まことに饒舌にしゃべり続けた。

だが、その戦いの真の狙いが何であったのかを彼は明らかにしなかったし、彼の部下たちも何も言っていない。

説明できるはずはなかった。その「懲罰」なるものは、一二〇％、アメリカ、日本、台湾に向けてのパフォーマンスであり、これらの国の企業家に、中国内で合弁会社をつくってもらおうというのが、ただひとつの目標だったからだ。

中国はソ連と共産主義の教義の争いなんかをしているのではない、私の中国は西側世界の本当の味方なのだと証明する最上の方策と鄧小平は信じて、ソ連の衛星国に攻め入ってみせたのである。

ところで、鄧小平がワシントンでベトナムをやっつけてやるぞと公言して、ブレジンスキー大統領補佐官と国防総省を喜ばせようとしていたまさにそのとき、イランではパーレビ国王が亡命し、それと入れ替わりにフランスで亡命生活を送っていたホメイニ師が帰国した。

ジミー・カーター大統領がイランのパーレビ体制の言論弾圧と人権侵害を非現実的な頑固さで批判を続けた結実だった。

さて、カーター大統領の願い通りに、イランには民主的で安定した政府が誕生したのだろうか。

アメリカが訓練した軍隊と警察は、たちまちのうちに消滅してしまい、アメリカの大学に留学していた何万人ものイランの学生は何の役にも立たなかった。

ホメイニ師は反米を叫び立て、あっと言う間に世俗主義のイランを完全な宗教国家に変えてしまった。それればかりか、アラブ世界全域にイスラム原理主義を唱える聖戦主義者を簇出《そうしゅつ》させることになってしまった。

カーター大統領は、イランで起きたことの因果関係が自分にかかわることを認めたくなかったのであろう。朴正煕大統領に対しても、パーレビ国王に対するのとまったく同じ姿勢で臨んだ。

その年六月に韓国を訪問したカーター大統領は朴大統領と衝突した。アメリカ政府は必ずや自分を支援してくれると愚かなことを考えた朴大統領の部下による十月二十六日の惨劇は、これまたカーター大統領の短見に遠因があった。

こうしてカーター氏は大統領を辞めた後には、もっぱら個人外交をおこなうようになって、正真正銘の独裁者、たとえば北朝鮮の独裁者に対して、やたらに宥和的な態度を取るようにもなる。

そこで日本のことになる。己の名誉を回復したいと願い、殊勝な態度を取るように見せかけながら、大いに出しゃばり、空疎な外交提案を唱え、日本の外交を混乱させるカーター的な政治家は現在の日本にもいる。

なぜ中国は北を必死に庇うのか（二〇〇六・七・二五）

今回、中国は、もはや隠すこともなく北朝鮮を庇《かば》いとおしてみせた。だれもが、なぜなのであろうと考えたにちがいない。

つい最近、米紙ニューヨーク・タイムズの中国通、ニコラス・クリストフ氏が、胡錦濤国家主席（党主席）はどういう考えの持ち主なのかを説明して、北朝鮮の政治体制を称賛した人物なのだと説いたことがある。とすれば中国共産党が見習わなければならない北朝鮮の政治体制を守ろうとして、胡錦濤主席は北朝鮮を庇い続けたのだろうか。

次の説明はどうだろう。

中国共産党が一番懸念している地域は、独立を望むウイグル民族が住む新疆ではなく、東北なのだと中国公安の首脳がアメリカ政府の幹部に語ったという。

かつて中国を牽引する機関車だった東北の重工業地帯は衰退して久しい。北朝鮮の政体が崩壊して、東北が騒擾状態になるのを恐れているからだという。そこで中国共産党は北朝鮮を支えねばならないのだと。

私は次のように見ている。胡錦濤氏と国家副主席の曽慶紅氏が恐れているのは、今日も明日も、アメリカである。アメリカを恐れているからこそ、「ならず者の国家」を庇わなければならないのだ。

どういうことなのかを語る前に、年配者にとって懐かしい文章を次に掲げよう。

「人間による人間の搾取のない国、市民間に政治上のみならず、経済上の平等が存在する国、民主的自由が形式的または法律的に宣言されているばかりでなく、社会生活の物質的諸条件によっても、事実上保証されている国……」

引用はこのくらいにしよう。言わずとしれた、ソ連の宣伝誌に掲載された文章である。

驚く人がいるかもしれないが、昭和二十年六月の同盟通信社が海外ニュースを収録した旬報に、これは載せられていた。たしかに、この旬報をだれもが読むことはできなかったが、広島・宇品《うじな》の陸軍基地の「情報班」にいた丸山一等兵はこれを読むことができ、この一節を写し取ったのである。

丸山真男氏のみならず、多くの人が「ソ連の民主主義」を戦後ずっと信じつづけた。そればかりか、たとえば一九五七年に毛沢東が「大民主」を唱え、「小民主」の知識人を粛清したとき、「大民主」とは「臣従と衆愚」ではないかといった疑いを抱いてはならないと自分を戒めた人が少なからずいたのである。

その共産主義の教義とシステムは一九八九年から一九九一年にかけて瓦解した。中国では、そのあとも共産党が独裁をつづけているが、「われわれの民主主義」こそが正しいのだと胸を張る党書記はいない。胡錦濤主席は金正日体制を羨むといった情けないありさまで、あとになれば恥ずかしい限りと後悔したはずだ。

毛沢東時代には、どれだけ多くの人を殺しても、自己のイデオロギーの正統性を信じ、自己正義に満ちていたのが、現在の中国指導者はまったくの守勢に回っている。胡錦濤氏がなによりも恐れるのは、アメリカが中国に仕掛けてくる「和平演変」である。武力行使なしに、この共産党の独裁政権が転覆されることだ。

「和平演変」への道をひとつ挙げよう。中国は十五年かけて二〇〇一年にやっと世界貿易機関（WTO）に加盟できた。そのためにはアメリカの要求に従い、一九九七年には「国連人権A規約」に署名した。一年後の一九九八年には「国連人権B規約」に署名して、生命、身体の自由と安全についての権利を認め、思想・良心・宗教の自由、表現の自由、集会・結社の自由を認めると約束した。

だが、WTOに加盟してしまえば、中国共産党が「和平演変」を自らおこなうはずはない。そこでずっと恐れてきたのは、アメリカにあれこれ干渉されることだ。

どうしたらよいのか。胡錦濤、曽慶紅の両氏が望むのは、「問題国家」が消滅しないことだ。「ならず者国家」が絶えずゴタゴタを引き起こし、アメリカをして今日も明日も中国に否応なしに助力を求めるようにさせ、中国に向かって文句を言わせない状況に追い込んでおくことだ。

ミサイルと原爆を持とうとする北朝鮮の存在は、アメリカをして中国の助力を明日もまた必要とさせ、中国共産党の独裁を明日につなげる保証となる。

中国共産党のすべての政策は、「和平演変」の阻止を目指して展開されていることを、中国観察者は忘れてはならない。

選択幅極めて狭い中国の対日政策　（二〇〇六・一〇・一）

安倍晋三内閣の発足に合わせて、胡錦濤・中国は対日関係の修復に乗り出すのではないかと想像する人が多い。

この機会に胡錦濤・中国が小泉純一郎内閣の時代に日本を標的にしておこなった二回の試み、それらが失敗に終わった経緯を振り返って、中国の対日政策の明日を探る。

一回目の試みは、中国は日本と親密な関係を構築しようとして、国内と日本に向けておこなった宣伝啓蒙《けいもう》工作だった。「対日新思考」という見出しが日本の新聞、雑誌に載ったことがあると言えば、読者は思いだすだろう。二〇〇二年から二〇〇三年のことだった。

「対日新思考」は日本を侮蔑する態度を改め、日本のすべてに反対する政策を捨て去ろうというものだった。厳重なメディア規制がある中で、繰り返し、粘り強く、こうした主張が唱え続けられたのは、中国共産党の最高機関で審議・決定された方針であり、党総書記の胡錦濤氏が賛成した計画だったということだ。

余計な話を加えよう。胡錦濤氏が何よりも気にしているのは、彼の内政外交は江沢民路線の追随に終始している、そして江時代よりも劣るといった内外の評であろう。

胡氏が江時代の歪んだ、硬直的な日本に対する姿勢を変えたいと思ったのは理に適うことだった。日本をしっかり味方に引き入れることに成功すれば、沖縄の人々はその島のアメリカ軍基地の縮小、返還を叫ぶようになる。独立を望む台湾人を孤立させることもでき、東アジア、東南アジアを中国の勢力圏にしてしまい、アメリカの巨大な軍事力を西太平洋から追い出すこともできるのではないか。このように考えたのであろう。

ところが、対日接近政策を自国民に根付かせるための運動は、にっちもさっちも行かなかった。インターネットを利用する若者たちが、「対日新思考」を唱える先覚を「奸漢」「売国奴」と罵倒、「お前は日本人か」「ぶっ殺してやる」と脅迫し、わずかな賛成論をも葬り去った。

胡氏はインターネット世論に勝つ術がないとあきらめ、そっと対日接近策を捨てた。

胡錦濤氏の二回目の挫折は次の通りだ。昨年（二〇〇五年）の三月か四月、中国共産党の最高機関は日本の国連安全保障理事会常任理事国入りに反対することを決めたようであった。中国国民の大きな反対があるという名分をつくろうとして、北京の日本大使館、上海の日本総領事館に官製デモをかけさせようとした。

最高幹部たちが、そんな小細工に頼ったのは、気の咎めがあったからかもしれない。それより二年前の「対日新思考」の「私的な」計画案には日本の安保理常任理事国入りを中国は認めるべきだという主張もあったのである。

ところが、デモは官製デモで終わらなかった。インターネットを利用し、さらにはケータイを使う若者たちに最高幹部たちは再び勝つことができなかった。参加者は勝手に増えていき、大きな社会不満を持った出稼ぎ労働者や失業者、ゴロツキも加わって、街頭を制圧してしまった。予定の時刻に終わるはずのデモは、二日、三日、一週間と続く暴力デモ、反党デモに変わってしまう情勢となった。

北京の党中央が逡巡している間に、上海市の党幹部はデモを禁じ、新聞社説で警告した。暴力デモが日本の商社、工場への乱入、放火といった事態となってしまったら、上海の不動産価格は暴落し、中国のバブル経済の崩壊へと続く。上海市の党の判断、処置が正しかったのである。胡錦濤氏は恐怖の深淵をのぞいたように思ったはずだ。

行き場のない不満と怒りを抱く若い世代がつくりあげたインターネット世論は、粗暴で攻撃的である。中国のネット利用者は現在、一億一〇〇〇万人にも上る。党指導部はインターネット世論の攻撃対象を日本に限らせるように努めてきた。対日接近政策を再度試みても、インターネット世論に勝てるはずがない。

もうひとつ、インターネット世論を刺激する軽はずみなことをしたら、どんな事態になるのかも党指導部は承知するようになっている。日本、台湾、アメリカに緊張政策を仕掛けてインターネット世論を興奮、暴走させるようなことは絶対にしてはならない。

いまやスーパーリッチになっている中国共産党エリート集団の願いは「安定（穏定）第一」

以外にはない。

中国の対日政策は、インターネット世論が「火の河」「水の河」となるのを警戒し、その間の細道、「二河白道《にがびやくどう》」を細心に歩むしかない。

韓国と台湾の選挙の「もしも」（二〇〇七・三・二五）

二つの「もしも」について書きたい。いずれも選挙が絡むが、その選挙がおこなわれるのは少々さきである。

だれもが承知しているとおり、今年十二月には韓国の大統領選挙と台湾の国会選挙があり、来年三月には台湾の総統選挙がある。もっとも台湾の場合、来年一月に国会選挙と総統選挙を合わせておこなうことにしたらどうかという動きもある。

それより前、今年九月か、遅くとも十一月までに、中国では共産党の全国代表大会が開かれ、選ばれた最高幹部の一団が登場する。

選挙はまださきと言ったばかりだが、韓国と台湾ではすべてが選挙一色となり、中国は白熱する権力闘争のさなかにある。

現在、中国のこの闘争のさきを読める人はいない。曽慶紅氏が最高指導部でより大きな力を占めるようになるのか、それともかれが失脚、引退するのかが焦点となる。

韓国はどうか。現政権の韓国内の評価は非常に低い。次の選挙では、現盧《ノ》武鉉《ムヒョン》大統領の後継者となる反米、親北朝鮮を国是としたいと望む候補者に勝ち目はなく、米韓同盟を優先させる保守勢力の代表が勝って当たり前と外から見ている人は思う。ところが、そうと断言できる観察者はいない。

本紙のソウル支局長、黒田勝弘氏は「短期決戦のメディア工作、イメージ作戦で再度の勝利を反米、親北朝鮮勢力が狙っている」と予言する。

前回の大統領選挙での盧氏の勝利は、投票直前に二人の女子中学生を轢き殺したアメリカ兵がアメリカ軍の裁判所で無罪になったことを左派勢力が利用し、韓国全土で開いた「反米追悼会」の盛り上げが決め手となった。

左派・親北勢力は今年もまた「二人の女子中学生」を持つことができるのか。かれらはある大きな期待を胸に秘めているはずである。昨年五月に金大中《キムデジュン》前大統領をぬか喜びさせただけで終わった平壌《ピョンヤン》行きの列車である。

反米・親北の大統領候補とかれの支援者を詰め込んだ列車をソウルから平壌までの二六〇キロを往復させることだ。韓国全土の歓喜と興奮はどれほど大きなものになるであろうか。北の独裁者が開城《ケソン》―平壌間の車窓から見える建物の修理とペンキ塗りを命令するのは、いつのことになるのであろう。

もうひとつの「もしも」はなにか。

台湾の野党総統候補を中国は招待するのか。北京行きの航空機に乗り込んでも、票集めにはならないことはだれもが承知している。福建省から高雄へのミサイルの脅しと同じ結果になりかねない。

だが、台湾にも「もしも」はある。

第一次世界大戦のあとに、日本の植民地だった台湾の知識人は自治を求めた。アメリカ大統領のウィルソンの民族自決の呼びかけ、なによりもそのときに英国から独立したアイルランド自由国を見習おうとした。この運動は中断して終わったが、台湾の歴史の大きな道標となっている。

ところで、台湾のほかにアイルランドを見習おうとしたもうひとつの地域があった。アイルランドの独立から六年あとの一九二八年、スコットランドの独立を党是とする現在のスコットランド民族党の前身となる政党が誕生した。

台湾ではじめて民主的な選挙がおこなわれて総統を選んだのは一九九六年だが、その三年あとの一九九九年、スコットランドは自分たちのスコットランド議会を設置した。この議会の選挙は四年ごとにおこなわれ、三度目の選挙がおこなわれるのが今年五月三日である。

そしてこの選挙で八十年の伝統を持つスコットランド民族党がはじめて絶対多数を占めるとみられている。

現在、多くのスコットランド人が英国から分離独立を表明するようになっている。スコットランド人の八〇％が自分はスコットランド人だと答え、英国人だと答える人は一七％にしかすぎないのである。

そしてスコットランド民族党は、自分たちが勝利を収めれば、独立の是非を問う住民投票をおこなうと公約している。スコットランドは、イングランドに併合されてからの三百年の歴史に終止符を打つことになるのか。

そこでスコットランド民族党の勝利がもっとも大きな影響を与えるのは、イングランドを除くなら、台湾となるのではないか。

台湾の与党、民主進歩党が総統公認候補を選ぶのは五月末となる。

ある台湾女性の半生が語る日台の心（二〇〇七・四・二九）

一冊の本を紹介したい。台湾政府駐日代表、許世楷《きょせいかい》さんの夫人、盧千恵《ろちえ》さんが書いた『私のなかのよき日本』（草思社）である。

私は盧千恵さんと長い交友がある。昨年夏に会ったときに半生の思い出、そして台湾と日本とのあいだの運命的な繋がりを書いてみたらと勧めた。

それから二度、三度、彼女から進捗の状況を聞いていたのだが、校正が終わったと電話があったのが三月はじめだった。

ところで、この三月は不快な月だった。本欄の読者も同じ思いだったにちがいない。アメリカの大新聞の論説委員たちが安倍晋三首相の主張に嚙みついた。安倍氏は歴史問題の虚構を是正しようとしただけであったにもかかわらず、それらのアメリカ人は尊大な態度で、日本人はいまだに悔い改めていないと言わんばかりの言いぐさを並べ立てた。

政府が我慢し、反論しなかったのは、日米両国が争えば、仕掛けた罠に落ちたと北京政府がほくそ笑むだけと承知していたからであろう。

盧千恵さんの本がわが家に届いたのは、うっとうしいかぎりと思っていたその三月の末だった。だが、その本をひろげたとき、胸のなかの不快さは瞬時に消え失せた。

半世紀昔のことになる。一九五六年に台湾・台中の高校を卒業して間もない十九歳のきれいなやせた娘が国際基督教大学に入学した。卒業して、彼女は早稲田大学大学院に留学していた同じ台中生まれの青年、許世楷さんと結婚した。夫とともに台湾の民主化と独立のための運動に参加したがために、国民政府の旅券を失った。二人の子を育て、専門の児童文学の研究をしながら、台湾の専制政治が倒れるまで、三十四年のあいだ故国に帰ることなく、台湾の民主化のためにさまざまな活動をした。

彼女は花好きだ。庭の花の手入れを老後の日課にしていた祖父を見習ってのことであろう。現在は「いけばなインターナショナル」に参加し、毎月の例会に出席している。その昔、子供を寝かしつけたあとに夫と話し合ったのは、故郷の花の芳香と色彩の思い出であり、梅檀《せんだん》の紫色の花のことだった。帰国した夫妻は奉仕活動をおこない、台湾東部の山のなかにある原住民のための学校でしばらくのあいだ教えた。宿舎の前の小道に咲き誇る山百合の花の美しさを彼女は忘れることができない。同じようにはっきり覚えているのは、留学したばかりのときに大学宿舎の洗面所の鏡の前のよく磨かれたグラスに挿されていた小さな花だ。

ところで、この本の読者がなによりもうれしく思うのは自由を尊ぶ日本人の思い出を記してある箇所であろう。そのとき全盛を極めていた台湾の独裁政権が日本政府に申し入れをして、盧千恵さんの夫を強制送還させようと図った。許世楷さんの大学の恩師をはじめ、何人もの日本人がそんなでたらめなことをさせてなるものかと奔走した。

かれの同志たちも、かれらが世話になっていた大学教授たちが政府各機関を回って、台湾の牢屋にかれを入れさせないために、努力をしてくれたのである。

このような極限の状況のなかで日本人の真心を知った台湾人は多くないだろう。台湾と日本との関係は間口は広く、奥行きも深いのだから、台湾人の日本人像はそれぞれ違うのだろうとだれもが思うだろう。盧千恵さんのこの本が台湾のある経済雑誌の昨年おこなったアンケートを再録しているのを読んだとき、その回答を得る。

「旅行したい国」の一位が日本、「移住したい国」の一位が日本、それだけでも嬉しい。ところで、「尊敬する国」の一位が日本（四七・五％）、二位がアメリカ（四〇・三％）なのだ。

男女を含めて二十歳以上の一〇〇〇人の台湾人のアンケートの回答結果である。そして、この本を読み終えたとき、そのアンケート結果は正しいのだとだれもが得心する。

読後に私が思い浮かべたのは「『自由と繁栄の弧』をつくる」という麻生太郎外務大臣の主張である。麻生氏は次のように説明する。「自由と繁栄の弧」は民主主義と人権と法の支配がある自由の価値を大切にする国々によって構成される。麻生氏は地理上の定義はしていないが、この本を読んだすべての人は、台湾こそ「自由と繁栄の弧」の一員だと確信しよう。絶対多数の台湾人が切望しているのも、晴れて「自由と繁栄の弧」の一員となることなのである。

日中国交正常化三十五年　反日運動の背後にみた深淵　（二〇〇七・一〇・一一）

日本が中国と国交を樹立したのは一九七二年九月末だ。それから三十五年がたつ。

一九七六年に他界した毛沢東の統治は二十七年だった。中国の高名な作家、鄭義《ていぎ》が語った「心身ともに疲れはて、文革初期の誇らしげな風采も壮言大語もなくしてしまった毛の最後の八年」を加えての数字だ。

それより前、蔣介石の時代はといえば、かれが国民政府の指導者となった一九二八年からかれが中国大陸を離れた一九四九年までであろう。日本と中国、そして国民政府と中国共産党とのあいだにどれだけのことがあったかは、読者がよく記憶していよう。そのすべてはわずか二十一年のあいだに起きた。

これらと比べて、この三十五年は長い。この後半の二十年のあいだには中国は大きな変化を遂げ、文字通り世界の工場となった。だが、私がここで語るのはべつのことだ。

一九八五年の反日運動、九五年七月からの反日教育を主体とした愛国主義教育の大々的な展開、国交正常化三十年の二〇〇二年から〇三年の対日「新思考」の世論づくりの失敗、そして

○五年四月の大規模な反日運動までを振り返るとき、悲しいだけの長い歳月だったと私は思う。その最後の反日騒動から二年半がたつ。現在、中国共産党指導部の人々はそれを忘れようとして忘れることができないはずだ。不注意に踏み出せば落ち込んでしまう目の前の深い深淵をのぞいたからだ。

二〇〇五年三月二十一日、国連事務総長が安保理常任理事国を拡大する計画をたて、日本を加えたいと説いた。中国共産党の指導部は、国民のすべてがそれに反対だという形をつくりあげるのがまず先だと考え、学校に命じて署名運動をやらせよう、しっかり指導した集会とデモをやらせようと決めた。

だが、やらせてみて、たちまち手に負えなくなった。四月九日の土曜日には北京で四〇〇〇人が日本大使館を包囲して、投石をした。翌十日には広州市の日本総領事館前に三〇〇〇人が集結し、日系デパート前では二万人が集まって気勢をあげた。深圳、蘇州、海口でデモがおこなわれた。つぎの週末にはさらにひどいことになるのは目に見えていた。

そして、デモを週末だけに規制することができなくなり、絶対に許してはならない反党運動の「街頭化、組織化」となってしまったら、もっと恐ろしい悪夢、すべての都市内の別世界にいる出稼ぎの人びとの抗議行動を誘発してしまう。流血の騒ぎとなり、西側諸国が北京オリンピックをボイコットすると言いだす事態になってしまったとき、国民にどのように釈明したらよいのか。

ほかに手だてはなかった。日本に助けを求めた。小泉純一郎内閣は中国政府に協力しなければならなかった。日本人に死傷者がでて、日系工場が焼き打ちされる事態となるのを阻止し、日本人の中国への嫌悪感がさらに大きくなるのを予防しなければならなかった。

十六日の土曜日には、天津、杭州、深圳でデモが起きた。上海では八万人のデモとなり、日本総領事館は包囲、投石され、市内の日本資本の店四〇軒が被害を受けた。

翌四月十七日に町村信孝外相が北京に向かった。「愛国主義の激情」の虎の背に乗ってしまい、下りることのできない中国政府のために、手を貸してやることになった。

同じ日の人民日報に載せられた論文に懐かしい言葉が並んだ。「穏定一切圧倒」。「安定はすべてを圧倒する」という意味だ。前年の七月にも使われた。台湾海峡の緊張を意味もなく煽った江沢民・党中央軍事委員会主席に対する批判だった。九カ月あと、再び同じ文字を見て、全国の党役員は反日運動は中止と知った。

翌々日の四月十九日に北京で、教育部、中央宣伝部、総政治部から地方の幹部まで三五〇〇人を集める大会議が開かれた。李肇星《りちょうせい》外交部長が演説し、訪中した日本の外相が深い反省とお詫びの意を表明したと強調することからはじめて、情勢報告会は反日運動を終息させるという命令の伝達式となった。

二〇〇五年四月は中国共産党の指導部にとって、インターネットの伝言板と携帯電話、そして人口の三分の一から四分の一を占める出稼ぎ労働者を抱えるようになった都市で、絶対にしてはいけないことを知った月だった。

向こう五年つづくことになる胡錦濤政権の合言葉も「穏定一切圧倒」なのである。

「反日」懸念残る国民党候補（二〇〇八・三・一四）

いうまでもなく、日本と台湾とのあいだには国交はない。だが、両者の人びとのあいだには互いに通い合う温かな感情がある。台湾人は遠い親戚の叔父や姪と会ったような懐かしい気持ちを胸に日本人を招じ入れる。日本人は遠く離れた故郷の昔なじみに再会したような喜びを感じて台湾人を迎える。

これは日本語がわかる年老いた世代の台湾人と日本人との交流だけのことではない。台湾の駐日代表、許世楷氏の夫人、盧千恵氏は昨年春に、『私のなかのよき日本』と題する半生を綴った自伝を東京で刊行した。そのなかで、あるデータを紹介している。

それより少し前に台湾の月刊雑誌が発表したアンケートの結果である。台湾の二十歳以上の一〇〇〇人の人びとに、「旅行したい国」「移住したい国」「尊敬する国」を尋ねた回答である。いずれも一位は日本である。二位がアメリカだ。

台湾の総統選挙に与党・民進党から立候補している謝長廷《しやちようてい》氏が来日したときも、東京で開かれた歓迎パーティーでこのアンケートを取り上げ、台湾人は日本人の美点をはっきり認めているのだと語った。謝氏は台北市の古い下町の生まれ、日本に留学、京都大学の出身である。だれもが自分が正しく振る舞っていることを認めてもらいたいと望み、自分たちの生活と文化の良いところを評価してもらいたいと願っている。だからこそ、われわれは台湾人が日本人に抱くあふれる善意に感謝の気持ちを持つのである。

だが、日本が隣り合っているのは台湾だけではない。反日と侮日を説いて国民を煽動することは、それこそ興奮剤、栄養補給菓子を与える以上の効果があると信じる為政者がいれば、独裁の暴虐の歴史を覆い隠すためには日本がおこなった残虐さを児童に教え込むことが不可欠と考える指導者もいる。

ところで、そのようなやり方を真似たいと望む政治家が台湾にも登場する恐れがある。二十二日の台湾総統選挙が近づいているのである。

台湾の政府与党、民進党は十六日に一〇〇万人を動員するデモをおこなう予定だ。三年前の同じ三月に中国政府が定めた「反国家分裂法」に抗議するデモである。その六日あとに投票日が迫る。

謝氏と争う野党の国民党候補は馬英九氏である。祖父から三代つづく国民党員、当然ながら大陸系である馬氏は、統一はしない、独立はしない、戦いはしないのだと主張している。かれが台湾の総統になったとしたら、まずなにをやろうとするのか。反日を煽動することになるのではないか。現在、かれはそのようなことを語っていない。だが、過去にかれがやってきたことを見れば、その恐れはあるし、自分がなすべき仕事だと思っているのでは、と私は見ている。

二人の台湾人の総統、李登輝《りとうき》氏と陳水扁氏はこの十数年のあいだに、台湾から蔣介石を消し去り、中国を取り去ってしまった。これを元に戻そうとして、中国賛美を声を限りに叫んでも、いかなる効果もない。日本を誹謗し、反日を宣伝することからはじめなければならない。そして台湾人の国民党員の反対や批判の声を抑えて、それをおこなう方法がただひとつある。尖閣諸島の利用である。

その無人島が統一戦線工作の武器としてまことに有効であることをいちばんよく知っているのは中国共産党である。

アメリカが台湾の蔣政権を承認していた一九七〇年代のはじめ、蔣政府はアメリカ各地の留学生に、尖閣諸島の日本返還に反対する運動をやらせた。海底油田の夢があったときのことだ。ところが、気がつけば、それらの団体を牛耳るようになったのは中国共産党員だった。

一九九六年には、傍目には愚劣と見える尖閣諸島上陸のお芝居から巨大な成果を収めた。中国共産党は香港を反日感情の大津波で溺れさせ、翌年に迫る香港の中国返還に一般人が抱く不安と民主勢力が唱える反対をどこぞへ押し流してしまった。

もちろん、香港のようには台湾はいかない。そして私は謝長廷氏が総統に当選すると予測している。

だが、そうなっても北京オリンピックのあとには、中国共産党は尖閣諸島を利用して、日本と台湾とのあいだに不和を起こさせ、台湾に反日感情の火種をつくり、それを大火にしたいと願うだろう。

われわれは尖閣諸島をめぐって混乱を防ぐ手だてを考え、漁業権の問題を中心に両国人たちのあいだで解決策を考えなければならない。

「総統選」以後（二〇〇八・三・二七）

二十二日の台湾の総統選挙で野党・国民党の馬英九氏が勝利を収めた。私は十四日付の本欄で与党民進党の謝長廷氏の当選を予測すると述べた。そうならなかったことを私は残念に思っている。

さて、ここで論じるのは、政治指導者が交代することのできる台湾の民主的な政治システムに対して、中国共産党指導部はどのように立ち回ってきたか、そしてチベットとその周辺地域に起きている不穏な状況にかれらはどう対応できるのかということだ。

謝長廷氏に比べて、中国に対してより融和的な態度をとってきた馬英九氏の当選は、現在、世界中から批判と非難のただなかにある中国共産党の首脳たちにとって、大きなプレゼントになっている。だが、台湾のこの総統選は、中国共産党指導部が台湾の民主的な政治システムを争う余地のない事実として認めざるをえなくなり、傍観するしかなくなった結果であることをかれらは忘れてはいまい。

中国軍が台湾の高雄と基隆《キールン》の沖合にミサイルを撃ち込んだことがある。十二年前だ。一九九六年三月七日の深夜、中国軍は福建省永安近くの移動式発射台から台湾に向けて三発のミサイルを発射した。本欄の読者もミサイル恫喝があったことを思いだし、アメリカは二隻の空母を台湾の近海に送ったのだ、中国側は李登輝氏を落選させようとしてミサイルを発射したのだと思い起こすことになろう。

多くの研究者がそのように説いてきたのだが、じつはその解釈は正しくない。ミサイルを撃ち込んで、李登輝氏を落選させることはできなかった。中国共産党指導部もそれをはっきり予測できたことなのである。では、なぜ台湾海峡で数カ月にわたる軍事演習をつづけ、ミサイルまで発射したのか。中国共産党指導部はつぎのように読んでいた。台湾人に脅しをかけ、恐慌状態にさせ、台湾のすべての株式を暴落させる。台湾の大金持ちから小金持ちまでが証券取引所の一時閉鎖を求め、戒厳令を布いてほしいと願うようにさせる。

中国軍の威圧がさらにつづくと台湾の軍部を警戒させて、戒厳令を布くことを軍人たちも望むようになる。

そして世界最長の戒厳令下にあった台湾人は戒厳令に慣れているとも思ったはずだ。共産党幹部の意図は、李登輝氏を落選させようとしたのではなかった。李氏が全台湾人から選ばれた民主的な指導者となるのを阻止し、かれを専制体制の独裁者にしておこうとしたのである。

中国共産党は自分たちが独裁をつづけていくためには、腐敗と非道の歴史を持った国民党の独裁が台湾につづいているのだと人々を教化、宣伝したい。そこで台湾に再び戒厳令を布かせ、総統選挙を無期延期させようと願ってこそ、ミサイルを撃ち込むことになったのである。

中国のその意図を挫いたのは、アメリカの二隻の空母だったことは言うまでもない。

さて、中国共産党指導部は民主主義政体の台湾の存在が国内にどう影響するかと不安を抱きながらも座視せざるをえなくなった。だが、軍と警察を自由に使えるところでは、国内へ民主と自由の理念が入ってくるのを恐れ、香港人が民主的な方法で自分たちの代表を選ぶのを許さないし、チベット、新疆に「高度な自治」を与えようとしない。

アメリカの中国専門家、スーザン・シャーク女史がいみじくも言ったように、「ひ弱な超大国、中国」なのである。

だれもが知るように、胡錦濤氏はチベットの党委書記だったことが、そのあとのスピード出世の端緒となった。そのときの鉄兜姿のかれの新聞写真がある。一九八九年三月にラサに戒厳令を布いたときのものだ。

上海市党委書記の陳良宇氏は二年前に狙い撃ちされて、解任、投獄されたが、それより前、江沢民氏の後ろ盾があって、飛ぶ鳥を落とす勢いだったとき、胡錦濤総書記を何度かからかった。鉄兜が好きなのは、独裁者ムソリーニだったと陳氏は部下たちに演説し、坊主が一人二人死んだだけで、あのように騒ぎ立ててと嘘を交じえて嘲笑した。

獄中の陳良宇氏に尋ねてみたい。一九八九年のチベットの騒乱から天安門事件が起きたときまでの中国の状況と比べて、現在の中国はずっと安定しているのだろうか、と。

胡錦濤氏は現在、自分が早急に取り組まなければならない重大な課題がいくつもあるのを承知している。かれはそれらのうちのいくつかでも解決することができるのだろうか。

「胡訪日」以後（二〇〇八・五・一六）

胡錦濤国家主席が訪日したのを機会に、中国共産党が日本にどのような態度をとってきたかを振り返ってみたい。九月三日は中国では抗日戦争記念日である。その日を十年ごとに見ることにしよう。

一九五五年の九月三日、中国の新聞はいずれも「今日は抗日戦争勝利十周年記念日である」と社説の最初に掲げた。中国共産党が政権を握って六年目だった。日本の首相はそのとき鳩山一郎だった。社説はいずれも、鳩山政府をアメリカの走狗と非難し、日本国民は中国の友人だと持ち上げてみせ、いまや郷愁さえ覚える共産党常套の戦術を展開していた。

だが、そのとき毛沢東主席は農業共同化の計画に没頭していた。地上の楽園となる人民公社の建設にまで発展する大運動を開始しようと懸命であり、日本のことなどかれの頭脳の片隅にもなかった。

一九六五年の九月三日はどうであったか。『人民日報』は、そのとき国防部長だった林彪《りんぴょう》の大論文「人民戦争の勝利万歳」を載せた。「中国人民の抗日戦争勝利二十周年を記念して」の副題がついていた。

世界革命への中国共産党の戦略と戦術を明らかにしたものだと海外では論じられた。本当はアメリカや日本のことなど中国共産党の幹部たちの頭にはまったくなかった。毛沢東の人民公社は三〇〇〇万人以上の死者をだす空前絶後の悲劇で終わり、毛の部下たちが中国の立て直しに取り組んでいた。

ところが、一九六五年、毛はその部下たちを粛清しようとする構えだった。それを察した部下たちは中国を取り囲む国際状況はまことに剣呑だと力説することで、内輪で争う余裕はないと毛をして思い直させようとしていた。

林彪は毛の側にいた。かれの九月三日の論文は中国が帝国主義勢力を恐れる必要はないのだと説くことによって、毛に大粛清をはじめさせようとするものだった。

三十周年の一九七五年はどうであったか。『人民日報』はトップに「偉大なる指導者毛主席の指示により」といった書き出しで、水滸伝の主人公、宋江を批判する「重大な闘争」をおこなうと宣言していた。

毛の復讐はずるずるとつづき、かれの後継者に定められたはずの林彪もすでに死んでしまっていた。

「色の黒い小男で、容貌は醜く、才能もない」と宋江にたいする攻撃は、復活させた鄧小平を再び葬り去ろうとするものだった。

鄧にとって幸運だったのは、その翌年に毛が没してしまったことだった。

四十周年の一九八五年の九月三日はどうであったか。中国と日本のマスメディアは報道しなかったが、その三日あとから学生たちの反日運動が吹き荒れるようになった。それでも記しておかなければならないのは、両国の努力があって、両国民のあいだで善意が通じ合っていたのである。

そのデモから四年、それは全国にひろがる民主化運動に発展したのだが、天安門広場の弾圧となって終わった。

五十周年の一九九五年九月三日は、日本を敵に仕立て、日本憎悪を国民に植え込む七月からつづいていた大運動のピークとなる一日だった。

民主化を求めた胡耀邦、つづいて趙紫陽《ちようしよう》が失脚し、鄧小平に選ばれた党総書記の江沢民がはじめた運動だった。

六十周年の二〇〇五年九月三日はどうだったか。じつはこの年は四月に反日デモが起きた。日本が国連安保常任理事国になるのを反対させる国民運動をやらせたのがはじまりだった。デモ隊が日本の外交公館を襲い、やがて街路を占拠する暴動になるのが目に見えるようになって、党は反日デモを抑え込むのに懸命となった。

さて、最後に記すのは二〇一五年九月の予測ではなく今年四月にチベット人の反乱からはじまった中国人の外国に向けての愛国主義の怒りの大波である。世界の人びとを驚かせたその怒りこそ、外国にスケープゴートを求めた愛国主義教育の成果であった。だが、中国首脳陣は喜んではいまい。一九八五年と二〇〇五年の反日デモが教えたことは、だれもが怒りの目標を容易に変えるということだ。

わずか二十年足らずのあいだに世界の工場へとのし上がった中国国内の矛盾と悪は、それまた非常に大きく、国民の怒りの対象も多い。

そして多くの中国観察者が懸念しているのは、中国の「権力を握った貴族階層」がまずは自分たちの利益を図るのをさきにしていることなのである。

減速政権と人気の台湾女性党首（二〇〇八・八・八）

日本の二つの隣国、韓国の李明博《イミョンバク》氏と台湾の馬英九氏が同じ憂き目にあっている。二人は多数派の国民に選ばれたばかりだ。ところが、同じ多数派の国民にたちまち嫌悪される事態となっている。

韓国から見よう。李明博氏は大統領となって、「失われた十年の回復」を新政権の呼びかけの言葉とした。だが、李氏の希望と日米両国の期待はもろくも崩れた。アメリカ牛肉輸入問題にはじまった反米、反政府デモは李明博政権の土台を揺るがすことになった。

一五〇日前、李大統領の支持率は六〇％近くあったが、現在は二〇％となってしまい、はたして再起できるのかと悲観的な論議さえ聞かれるようになっている。

そこで台湾だ。まずは馬英九総統の支持率を見よう。調査したのはＴＶＢＳだ。念のために記すが、これは国民党系のテレビ会社である。

二十歳以上の一〇九二人に台湾の一〇人の政治家のだれを支持するかを尋ねた。七月十五日と十六日に実施した。

一昨年、昨年には馬英九氏の支持率は五〇％台、一位を保っていたが、就任してわずか二カ月足らずなのに、馬氏は七位、かれを支持する人は全体の三〇％にとどまった。馬氏を支持しない人は、李登輝元総統、陳水扁前総統をも加えての一〇人の政治家のなかで最多、不支持率は四九％だ。

台湾の半分の人が馬氏を支持しない。ある台湾の知人は私に語った。

「アメリカで物議をかもした『ニューヨーカー』誌の表紙の絵を新聞で見たでしょう。ビンラディンの肖像画を掲げた大統領執務室で、ターバン、白装束の（大統領候補の）オバマ氏が浮かれています。私はそれを見た瞬間にオバマ氏の姿は消え、馬氏に変わった。世論調査の結果を知ったのはその翌日です。だれの思いも同じ、嘘つきの馬に失望しているのです」

長い選挙戦のあいだ、馬氏は台湾を愛すと叫びつづけ、台湾の前途は二三〇〇万の台湾人民が決めると説いてきた。総統になってからはどうか。台湾経済にどれだけの打撃になるかを考えようとせず、中国の指導者におもねることだけに懸命だ。士官学校の卒業式に行けば、廃止した蔣介石独裁の党軍時代の儀式を復活させ、悦に入っている。

台湾の民進党を支持する新聞は馬氏が選挙中に「（中国と）統一しない」と主張していたのは真っ赤な嘘だったと非難し、「台湾地区の馬先生」と呼ばれて嬉しいのかと批判する。

では、現在、台湾でもっとも支持されている政治家はだれなのか。同じ世論調査が挙げるのは蔡英文《さいえいぶん》氏だ。蔡氏を支持する人は全体の四九％、蔡氏を支持しない人は一九％、これまた一

○人の政治家の中でもっとも少ない。
蔡英文氏は野党となった民進党の指導者だ。馬氏が総統になったこの五月に蔡氏は民進党の主席に選出された。

台湾大学の出身、大学教授となった。外交、国際関係が専門だ。李登輝、陳水扁政府の閣僚、副総理となった。決断力があり、頭が切れる。知らない人のために言っておけば、蔡英文氏は女性である。

彼女がリチャード・アーミテージ氏と喧嘩をした一件は、彼女と台湾の明日に繋がるから、つぎに記そう。アメリカ国務副長官であったアーミテージ氏は9・11テロの直後、海千山千のパキスタン統合情報部長官に向かって、協力しろ、しなければ石器時代に引き戻してやるぞと威嚇したことがある。

海兵隊出身の大男、アジア探題と呼ばれたアーミテージ氏とまだ四十代前半だった蔡氏が睨みあったのは、アーミテージ氏が中国高官の約束を信じてのことだった。

私たちは金正日を抑え込むから、あなた方は陳水扁を抑えつけてくれと言われて、早速、アーミテージ氏は蔡氏を脅しにかかったのだ。

現在、われわれが知り、アーミテージ氏も承知しているはずのことがある。六カ国協議なる代物はなんの成果もないまま、東アジアとアメリカになにをもたらしたか。韓国の反米の底流に揺るぎはない。台湾とアメリカとの関係は疎遠となり、日本とアメリカとの仲を割くための楔も打ち込まれようとしている。

馬氏が政権を握って、五十六日たつだけなのに、台湾の半数の人が蔡英文氏を支持するようになったのは、台湾は蔡氏を必要だと多くの台湾人が思い、蔡氏であれば台米関係を修復できると期待するからである。台湾のつぎの総統選挙までの四年間、経済の悪化、つづいて政治の悪化が東アジア全域を覆うことになるかもしれない。蔡氏が持つ広い視野と判断は、民進党だけでなく、与党の国民党員にとっても必要となる。

金門砲撃五十年と北京首脳の狙い（二〇〇八・八・二二）

八月二十三日の午後六時半、金門島を囲む大陸沿岸に据えられた五〇〇門の大砲が一斉に火を噴いた。一九五八年のことだ。その夕刻から八月の末まで、中国は金門の一〇万の将兵を兵糧攻めにするのか、上陸作戦に打って出るのか、アメリカはどう対応するのかと全世界はかたずを呑んで見守ることになった。

同時に中国側は脅迫と挑発の戦いもつづけた。だが、砲撃はやがて一日おきとなり、散発となり、いつかやんだ。

その砲撃開始の日から五十年になる。中国専門家はその砲撃戦を説明して、毛沢東は金門を奪取するつもりだったのだが、それに失敗したのだと説いてきている。

ところで、一九五八年の中国は、金門砲撃の騒ぎとはべつに、大変な年だった。とてつもない年だったと言うべきだろう。

毛は大躍進を号令した。省党書記はこぞって大豊作を報告し、その年の末には食糧と綿花は前年生産量の倍となった。鋼塊は増産目標の達成数字を何回も訂正して、年末にはこれまた前年の生産量の倍となった。

大躍進の激動のさなか、さらに毛は全国の党書記に命じて、人民公社を創設させた。この共同体のなかに、農、工、商、学、兵のすべてを一体化させてしまうのだと毛は説き、軍事組織をそのまま労働組織にするのだと主張し、十六歳から五十歳までの男女を集め、民兵隊をつくらせた。

そこで毛沢東がやらせた金門砲撃が、かれが同じときに命じた大躍進と人民公社の建設と繋がりがあったにちがいないとだれもが考えよう。

だが、その証拠がないことから、はじめに記したとおり、毛は金門を奪取しようとして、それに失敗したのだと語るだけのことになっている。

なぜ砲撃したのか、じつは毛本人が明らかにしている。

十五年前、一九九三年十二月二十六日は毛沢東生誕百周年だった。その二日前の『人民日報』に金門の戦いを指揮した葉飛《ようひ》という高級軍人の回想が掲載されている。

そのなかで毛沢東が部下の国防部長、彭徳懐と中央軍事委員会秘書長の黄克誠《こうこくせい》に宛てた手紙を載せている。つぎのような内容である。「徳懐、克誠同志、眠れないままに考えてみた。金門を砲撃する。しばらくして適当なときに撃つのをやめて様子を探る」という書き出しだ。

「……しばらくのあいだ砲撃しないで、時機を見て、また砲撃する。もしも相手が漳州、汕頭《スワトウ》、福州、杭州などを攻撃してくればまことに面白い。こういう考えを君たちはどう思うか」

毛はこの前年から金門攻撃のための兵站《へいたん》用の鉄道を敷かせ、金門島をぐるりと包囲する沿岸に大砲陣地をつくらせていた。そしていよいよ砲撃開始の直前になって、毛は彭徳懐、黄克誠に自分の考えを明かしたのである。

金門を砲撃する。アメリカ側がそれに対抗して、汕頭、福州、杭州を砲撃してきたら、「まことに面白い」と毛は自分の本心を明かした。

毛のロマンチックな地上の楽園の建設は、かれが頭脳の平衡を失い、不可能な夢を追っていただけのことであったといまになれば、研究者も、伝記作家も遠慮会釈なくこきおろしている。だが、毛はそのときも抜け目なく計算していた。大衆が本当は嫌っていること、望んでいないことをやらせるためには、かれらをどのような状況に置いたらよいのかを承知していた。

福州が砲撃された、杭州が砲撃された、アメリカ軍が攻めてくる、蔣介石を助け、地主のために土地を奪い返しにやって来ると国内向けに大々的に宣伝する。われわれの土地を守り抜くのだと「全民武装」を説き、編成した民兵隊を人民公社の大黒柱にする。

毛沢東の金門攻撃はこんな狙いを隠していた。あとになって口惜しがり、アイゼンハワーの肝っ玉がもう少し大きければ、杭州や福州を砲撃させることになって、大躍進と人民公社はあんな結末とはならなかったのにと毛は負け惜しみを言ったのであろうか。

つまらぬ蛇足を加えた。もうひとつ蛇足を記そう。前に本欄で述べたことの繰り返しになる。一九九六年三月、台湾の総統選挙戦のさなか、江沢民が台湾の基隆と高雄の沖合にミサイルを着弾させたことがある。李登輝を落選させようとしたのだとだれもが解釈した。台湾に戒厳令を復活させ、総統選挙を断念させようとしたのが、江沢民の本当の狙いだった。独裁国民党の李登輝が総統をつづけて一向に構わなかった。

民主的な国が隣に誕生することが、北京の指導者は恐ろしかった。いまもそれは同じだ。

ＮＨＫ特番の傲慢さが悲しい　（二〇〇九・四・二七）

少し前の話だが、四月五日、ＮＨＫスペシャル『ジャパン　デビュー』の第一回「アジアの一等国」という番組を観た。

悲しかった。わたしたちの祖父、曾祖父、高祖父の願いと努力に思い入る気持ちのかけらもない、辺りに人も無げな驕りぶりが悲しかった。

もうひとつ、この番組の制作者が唯一頼りにした出演者である日本植民地時代の台湾の最後の人びとへの気持ちである。当然ながら現在七十代、八十代の人びとが持ったまことに複雑、微妙な日本にたいする愛情を十分理解したはずであったにもかかわらず、勝手な裁断をおこない、日本の植民地統治を罵るために利用し、協力者の善意を足蹴《あしげ》にした、その傲慢さが悲しかった。

制作者は、一八五九年の横浜の開港から日本は「世界にデビューした」のだと説く。そして日本は「一等国」になろうとして、台湾を植民地にしたのだと語る。

制作者が横浜から台湾へ話をつづけようとするのであるなら、私が思いだすのはアーネスト・サトウのことになる。英国外務省の通訳官となったサトウは、開港三年あとの横浜で日本語を学び、草書の書簡を読むことができるまでになり、薩摩、長州、各藩の国事活動家と語り、日本の進路をはっきり見定め、有能な外交官となるその片鱗を見せた。

さて日清戦争が終わった年にサトウは公使となって再び、日本に赴任した。台湾の樟脳と砂糖、茶、阿片を扱う横浜の英国商社の幹部たちと話し合い、日本は台湾の経営に失敗すると予測した。

そのときヴィクトリア女王統治下の大英帝国は最盛期にあり、世界の人口の四分の一を支配していた。先進国が後進地域を取得し、統治する権利が当然のように認められた時代だった。植民地経営は「白人の重荷」であり、英国人に与えられた高貴な責務であった。植民地の人びとに命令を下すことができるのは英国人の行政官だけなのだ、英国人はこのように思っていた。そこでサトウと旧友らは、日本は台湾で清国政府以上のことはできないと語り合ったのである。

それから百年以上がたつ。日本の台湾統治をどう評価したらよいのか。サトウはといえば、一九二九（昭和四）年に没していた。かれは自分たちが間違っていたと認めたにちがいない。

台湾の植民地統治は成果を収めた。価値や道徳は絶対的なものではない、あくまで相対的なものだ。日本の統治には失策も、大きな過ち、悲劇もあった。そのような過ち、悲劇を忘れず、民族の共通の意識にその憎しみを育てあげるのだと説く論考がある。たとえば英国人意識の源泉にフランス嫌いがあるのだと主張する。即座に隣国の韓国人意識の底にある日本嫌い、日本の後を追っての競争心を思い浮かべることになろう。

しかし、わたしたちは、なぜ台湾の人びとが日本に憎しみを持たないのかと考えることになる。

現在、台湾人は日本の統治時代を声高に非難しない。日本の統治を離れて六十年、年若い世代を含めた台湾の人びとが、尊敬する国、移住したい国の筆頭に日本を挙げるのは、かつての日本の統治に不快感を持っていないことが大きな理由なのである。父親や祖母がその昔を語った二言、三言の記憶を自分たちが抱く日本人にたいする印象と重ね合わせて、かれらはその理解を大切にしてきたのだ。

わたしたちは誰でも、この台湾の人びとの日本人への温かい感情を、嬉しくありがたく思う。

さて、奇怪極まることに、NHKの先の番組は、誰もが大事にしてきたこの感情を踏みにじろうとすることに懸命となった。

日本の台湾統治のすべてを否定し、台湾の人びとは日本の植民地統治に恨みを抱いているのだと説いた。たとえば台湾の人びとが高く評価する台湾における後藤新平を容赦なく裁いてみせる。上水道の整備、灌漑設備の建設を振り返ることなどするはずもない。台湾総督府が独占した樟脳を取り上げ、植民地収奪の話に仕立てることに汲々としている。

番組は「皇民化運動」で終わる。公園に集まった老人たちにつぎつぎとその昔の日本の軍歌を歌わせる。かれらは「蛍の光」を歌いたかったのだし、「荒城の月」を歌うこともできた。それにもかかわらず軍歌だけを歌わせ、「アジアの一等国の哀れな犠牲者」と視聴者に印象付け、「日本統治の深い傷」と締めくくる。

私は制作者の「辺りに人も無げな驕りぶり」「傲慢さ」を悲しく思ったと記した。「驕りぶり」「傲慢さ」といえば、番組の題である「アジアの一等国」、その一等国民が犯した罪の第一に挙げなければならない態度、性向であろう。この制作者の振る舞いこそがまさにその一等国民そのものなのだが、このような人物が「アジアの一等国」を制作したことが、いま悲しく思う理由なのである。

ウイグルの陰に権力闘争あり（二〇〇九・七・三一）

今回のウイグルの大暴動が起きるより前、新疆はパレスチナのようになるだろうと予言した中国人の作家がいた。そのパレスチナだが、オバマ米大統領はイスラエルの首相に向かって、パレスチナを国家として認め、ユダヤ人のパレスチナへの入植をやめるようにと勧告している。中国の指導者に同じように説くのはいつのことになるのだろう。ところで、私がここに書くのは別のことだ。

主要八カ国首脳会議が七月八日から開かれるという直前に胡錦濤主席はイタリアから慌てて帰国した。ウイグルの暴動についての北京からの報告をつぎつぎと受けとってのことだった。暴動は鎮圧した、それでも油断は禁物、サミットなどどうでもよいと胡主席が考えたのは、なぜだったのか。

四年前に上海ではじまった党中央が絡む権力闘争が胡氏の脳裏をかすめたのではなかったか。北京にとどまっていた温家宝《おんかほう》首相であれば、その四年前のことが即座に頭に浮かんだはずだ。それから四年あとの現在、広東でこれまた党中央が関与する権力闘争がつづいていることをこの二人は承知している。胡主席と温首相が、危機に直面して、離れ離れになっていてはいけないという教訓を学んだのがその四年前の出来事だった。

四年前の二〇〇五年三月二十一日に国連のアナン事務総長が記者会見をおこない、常任理事国を拡大する問題について発言し、当然ながら日本は常任理事国になる資格があると語った。中国共産党のそのあとの行動は素早かった。日本が常任理事国になるのを反対させようとして、四月のはじめから、大学生を動員して、週末に反日デモをおこなうようにさせた。

だが、街頭にでた人びとは党の指示を守ろうとせず、デモ隊は警官隊と衝突する気配となった。党は慌てた。全国の大学に政府の役人を秘密のうちに派遣し、デモをやめるようにと訴えさせた。

温家宝首相はインドを訪問中だった。なにも知らないかれは、四月十二日の記者会見で、自発的な反日デモだと力説し、青年学生の行動は正しいと褒めたたえた。

これがメディアに載って、四月十六日の週末には、各地の都市でデモはつづき、上海では八万人のデモとなり、日本総領事館を包囲、投石する騒ぎとなった。

そのあとに起きたことは、そのときには解釈できなかったが、いまになればはっきりとわかる。江沢民勢力は胡と温のチームを潰すチャンスと睨んだのである。

陳良宇上海党書記は傘下の機関紙『解放日報』に評議員の文章を載せ、マス・メディアがどこも言わないことを言わせた。「デモの背後によからぬ陰謀があり、人に言えない目的を隠している」

デモの主体となる学生を憤激させ、つぎのデモを過激なものにさせ、それこそ日系工場になだれこむような大きな暴動にさせる。そのあと温首相の無思慮な発言を糾弾し、かれの責任を追及するという段取りだったのであろう。

胡主席側に運があった。つぎのデモは暴動とはならなかった。つづいて胡陣営が復讐にでた。翌二〇〇六年九月に陳党書記は逮捕され、江氏はかれを救えなかった。昨年に懲役一八年の刑を受けた。

今日、広東で起きている権力闘争は、広東省党書記の汪洋《おうよう》氏を胡錦濤主席が支援するものだ。汪氏は胡主席の直系だ。またたくまに出世してきた。二〇〇七年十月の十七回党大会で政治局委員、その年の末に中国第一の大省、広東省の党書記。胡主席は汪氏をつぎの党総書記と決めているのだ。

二人の党総書記、江沢民と胡錦濤は元老の鄧小平氏の指名によったが、このさきはどのようにして決めるのか。党中央政治局のメンバーから選ばれることになるのだろうが、その政治局委員、常務委員たちは中央委員全員の投票で決める仕組みとはなっていない。

十七回党大会が終わり、政治局常務委員会に江派の面々が並んだ写真を見て、チャイナ・ウオッチャーは驚愕した。陳良宇氏は政治局常務委員となることはなく、失脚した。汚職で悪名高い江派の常務委員たちも間違いなく引退しよう。江勢力は壊滅したと想像していたからだ。

実際には新政治局委員と新常務委員の名簿をつくったのは党大会に先立ち、江前党総書記と前期の常務委員たちだった。

読者も記憶されていよう。その年のはじめから「民主とはよいものである」のキャンペーンは、民主的な選挙制度を党大会に持ち込もうとする雰囲気づくりだった。だが、胡主席の側が負けた。かれは戦術を変えた。汪党書記の広東省の党の選挙を民主的な仕組みに変えさせ、これを中央へ持ち込むことにした。ところが、広東省に残る江派の党幹部が徹底して妨害した。中央紀律検査委員会が広東省の汚職を摘発し、かれらを狙い撃ちにしたのは、こういう訳からだった。だが、「民主とはよいものである」が党の原則となり、党の外へ広がるかどうかがわかるのはまださきだ。十八回党大会の開催は三年あとだ。

「北」を楯に米の攻勢かわす中国（二〇一〇・六・二五）

今日、六月二十五日は朝鮮戦争勃発六十周年にあたる。この歳月を振り返り、二つの謎を取り上げたい。

謎の一つは、六十年前のことになる。中国共産党の大多数の幹部が反対したにもかかわらず、毛沢東はソ連のスターリンの求めに従い、朝鮮の戦争に介入した。なぜだったのか。

もう一つの謎は、この十年のあいだのことだ。中国首脳陣はその経済を支えてきた北朝鮮の手綱を締めることなく、核爆弾をつくるのを放任した。なぜだったのか。

最初の謎から見よう。

一九五〇年六月に朝鮮半島の北の金日成が「南朝鮮を解放」しようとした経緯は、金とスターリン、毛沢東がそれぞれおこなった二者会談の要約、かれらの部下たちが取り交わした電報が公開されて、かれらがそのときに考え、望んでいたことはおよそわかるようになっている。

だが、その年の十月、中国軍が鴨緑江を渡り、アメリカ軍と韓国軍に攻撃を仕掛けたことについての説明は、決して十分ではない。毛のスターリンにたいする強い警戒心をだれもが忘れている。

こういうことだ。ソ連がドイツと戦っている第二次大戦中、毛はスターリンが自分を脅す余裕がないと見て、かれの根拠地の延安でソ連帰り、ソ連寄りの幹部を徹底的に苛《いじ》め、絶対の権力を握った。

だが、毛はそのままでは済まないと承知していた。大戦後の一九四七年のはじめ、つぎに一九四八年の末、モスクワを訪問したいと訴えた。やっと一九五〇年一月に訪問できた。毛はソ連に忠誠を誓ったのだが、スターリンが自分をひどく嫌っていることを改めて知る旅となった。

そこでその年の夏、毛は北を助けよと説くスターリンの要請に反対できなかった。毛はつぎのように考えたのだ。参戦を拒否したなら、スターリンは結んだばかりの中ソ「相互援助条約」の条文「ただちに全力を挙げて軍事上の援助を与える」を楯にして、ソ連軍を中国東北部に再度、駐留させることになる。そしてただひとり参戦に賛成している東北の党と軍を握る幹部の高崗《こうこう》、つまり毛のソ連入りより前にモスクワに招いた人物に肩入れをして、大きな力を持つようにさせるにちがいない。

こうして毛はスターリンに軍事介入をさせまいとして、大多数の部下たちの参戦反対の主張を聞こうとせず、朝鮮に出兵したのだ。

毛沢東が高崗を捕らえ、「独立王国」をつくったと責めたて、自殺に追い込むのは、スターリンの死の直後になる。

そこで、この十年のことになる。アメリカ政府は北朝鮮が核爆弾を持つのを中国が阻止すると思った。北の核問題を解決する六カ国協議のアメリカの首席代表だったクリストファー・ヒルもそう信じた。かれはブッシュ前政権のもとで東アジア・太平洋担当の国務次官補だったが、中国の言うがままに、北に譲歩を重ね、テロ支援国指定の解除もした。

東アジア探題と言われたこともある国務副長官のリチャード・アーミテージも中国が必ずや北に圧力をかけると思った。中国の高官から、こちらは北朝鮮を抑えるから、君たちは台湾を抑えてくれと言われれば、早速、台湾の民進党政府を非難し、台湾を香港にしてしまおうと密かに考える政治家を支援し、ライス国務長官、ブッシュ大統領までが民進党叩きに協力するありさまだった。その結果、その香港生まれの人物が台湾の総統になりもした。

アーミテージとヒルは中国に見事に騙された。だが、かれらを含めて、われわれが本当に騙され、気づかなかったのは、中国の党首脳から指導階層までが恐れるのは金正日総書記の核でもなければ、日本が核武装してしまうことでもなく、まったくべつのものだということだ。

かれらがなによりも恐れてきたのは、使われなくなって久しい言葉だが、口にはださないだけの「和平演変」、レジーム・チェンジ（体制転換）だ。

中国を支配しているのは、党中央機関紙『人民日報』の副編集長が指摘し、名付けた「特殊利益集団」である。この「集団」のパワー・エリートたちが恐れるのはアメリカのソフト・パワーだ。

中国の民主化を説くアメリカ人は当然ながら危険だが、中国と二国枢軸をつくるべきだと熱心に語りかけるアメリカ人はさらに危険だ。アメリカの外交主軸を中国に移すような余裕を与えてはならない。そこで中国の外交の原則は、アメリカをしてつねにごたごたに巻き込ませておくことだ。

イラクで、アフガニスタンで、さらにパキスタンで絶えず血を流しつづけさせる。イランで、イスラエルで面倒な問題を抱えつづけさせる。毛沢東の嫉妬心が生き延びさせることになった北朝鮮も同じ役に立つ。

核爆弾を持つのも、韓国の哨戒艦の撃沈も、中国の指導階層にとって、不快なことであるはずがない。

中国の反日では権力闘争も疑え　(二〇一〇・九・二二)

満州事変の発端である柳条湖事件の発生記念日の九月十八日、瀋陽、北京、重慶、広州など中国各都市は平穏だった。菅直人首相、前原誠司外相がほっとしたのであれば、中国の胡錦濤国家主席、温家宝首相もまずは良かったと思ったはずだ。さて、ここに私が書こうとする主題は、胡主席、温首相が今、何を考え、何をしようとしているのか、ということだ。

七日に中国漁船が日本の巡視船に衝突してから、両者が落ち着かない日々を送り、ネット論壇と軍の反日論議に注意を払ってきたことは間違いない。そして、二人が一度ならず思い出した顔があったはずだ。陳良宇氏である。

現在、北京の秦城監獄で服役中の陳氏は五年前には上海市党委書記、党中央政治局員だった。江沢民前国家主席が率いた上海閥の国家老《くにがろう》的存在であり、二〇一二年党大会で党総書記ともなり得た人物だ。その男が汚職をしたといった罪で失脚したのはなぜか。

二〇〇五年四月、党中央は日本の国連安全保障理事会の常任理事国入りを阻止する口実を作ろうとし、国民の反対の声が大きいことを無視できないと唱えようとして、どの国のテレビにでも放映されるように反日の街頭デモをやらせた。三五の都市に学生デモが広がって不平不満分子がそれに便乗、たちまち手が付けられなくなった。

党は慌て、学生たちを抑えるのに懸命になった。その時、陳党委書記が支配する上海の党機関紙が社説を掲げた。学生たちを激しく非難して挑発し、怒らせようとしたのである。当時、海外にいて、党がデモ収拾に乗り出した事実を知らずに学生デモを激励した温首相に全責任を負わせて辞任に追い込み、陳自身が首相になるハラだったのだろう。そのための手の込んだ〝仕掛け〟だった。

暴動は起こらなかった。胡、温のチームが陳氏に復讐に出た。中国の最高機関、中央政治局常務委員会の江沢民派の陳擁護の動きを封じるため、彼らの子弟の汚職を立件するぞ、といった構えを見せつけたことから、江陣営は陳党委書記を救えずに終わった。

現在、第二の陳良宇はいない。それでも、胡、温チームにとり頭が痛いのは、最初に触れた通りネット論壇と軍部の存在だ。

二年前の二〇〇八年五月、自衛隊機が大地震に見舞われた四川省に救援物資を運ぶのを中央書記処が認めたとき、軍部が騒ぎだして、江前主席が胡現主席に警告することがあった。翌月、日中両国が東シナ海ガス田の共同開発に合意したら、軍首脳は、日本にどこまで忍耐するのか、と悲憤慷慨した。

胡主席、温首相と、中央政治局常務委員の面々は、南シナ海、東シナ海、黄海で中国海軍がゴタゴタを起こすごとに、そして、海軍提督が米国との太平洋分割支配といったたぐいの勇ましい話をするたびに、中国の強大な力を誇示してやったと喜び、主権と海洋資源確保の任務を果たしている、と満足しているのであろうか。

中国の最高首脳たちが、軍部の派手なパフォーマンスにもろ手を挙げて賛成しているはずはない。軍部の宣伝が、党と国民向けであることは分かっているからだ。国防費を増やし続けることは何としても必要だ、二けたの伸びでなければならない、削減など絶対に許さないという意思表示なのだ。

米国にとっても、欧州諸国にとっても、自らの軍事予算は、触れることのできない聖域ではない。いずれの国も、財政が悪化しており、国防費を削らなければならなくなっている状況にある。

中国はまったく別であり、「チャイナ・モデル」は見事な成功を収めて、年々の国防費の増額は我慢できる、ということなのか。

中国の最高首脳たちは、そう思ってはいまい。中国経済は構造的な変化に直面している。ひとつだけ、例を挙げよう。中国が「世界の工場」として発展するさなか、地方の党委書記が支配するシステムの下で、膨大な都市建設が進められてきた。そのひずみが表面化するのは間もなくである。

中国にとって死活的な必要性のない国防費は、削減するか、せめて増やさないようにしなければならないということは、中国の最高首脳陣の本音であるはずだ。江沢民時代の一九九九年に、郭伯雄《かくはくゆう》氏が中央軍事委員会副主席になってからのこの十年余で、国防費は実に四倍以上に膨らんでいる。これこそ、江氏が後継の胡・温体制に残していった最大の負の遺産のひとつなのだといっていい。

ここまで見てきたように、党指導者になっていたかもしれない陳良宇はもはやいない。中央政治局常務委員会の江沢民派はすでに少数派である。来月に予定される五中全会（第十七期中央委員会第五回全体会議）で、江時代からの最高級軍人たち、七十歳の年齢制限に触れる者、それに近い者のすべてを引退させることが可能なのか。それとも、それは来年の六中全会に先延ばしされるのか。胡、温両氏の力量にかかっている。

中国軍増強の裏に利益集団あり（二〇一〇・一〇・一五）

南シナ海、東シナ海における中国海軍の傍若無人ぶりは目にあまる。世界の人びとは顔をしかめている。もちろん、愛国主義を教えられてきた中国の若者たちは快哉《かいさい》を叫び、この水域の海底資源を一手に収めたいと願う中国海洋石油の首脳陣はご満悦であろう。それだけであろうか。

中国の軍事力の増強は尋常なものではない。その国防費の毎年の伸び率は平均一五％であり、それは二十一年間にわたり続いてきた。始まりは一九八九年、天安門事件があった年である。士官と兵士の生活改善という名分だった。民衆に向かって武力を行使させた鄧小平としては、陸軍を慰撫しなければならなかったのであろう。

そして、その鄧小平の指名により党中央軍事委員会の主席になった江沢民は、革命戦争と無縁、軍とも無縁だったことから、軍の機嫌を取るため国防費を増やし続けなければならなかった。

「世界の工場」として経済発展に加速度がつく二〇〇〇年代に入ると、国防費の増加はまさに、毛沢東の「大躍進」並みになる。一九九九年の一〇〇〇億元から、三年後の二〇〇二年には二〇〇〇億元へと倍増した。ロケット師団が新設されて師団長が任命されれば、同じ軍歴を持つ別の将官がごねて、ロケット師団がもうひとつつくられるといったありさまだった。

江沢民は〇四年に中央軍事委主席の椅子から退かざるを得なくなったが、軍事費の一五%の伸び率は落ちなかった。中国の国防費は〇七年には、日本の防衛費を追い抜き、翌年には三五〇〇億元、〇九年には四八〇〇億元に増大した。今年の国防予算は、伸び率が一桁になったものの、五三二一億元（七八六億ドル）となった。日本円にして六兆九〇〇〇億円である。

さて、人口増による労働力の増大を土台にし、世界経済の好調に頼った輸出依存の中国経済のシステムは終わろうとしている。そして、中国も間もなく高齢化社会になるのだが、そのための用意が遅れている。経済の二桁成長時代に増え続けた国防費のさらなる増大は自制しなければならないことは、だれもが承知している。

だが、愛国主義を看板に掲げる将軍たちが国防費の維持、増大を強く求めていることも、だれもが思うところだ。中国海軍艦艇が南シナ海や日本近海で緊張を高め、周辺各国を刺激し、騒ぎを引き起こしているのもひとつには、海軍首脳による予算獲得のための国内向け宣伝行動なのだろう。

ただし、国防費の維持、増大に血道を上げる最強の勢力は、また別にいるのではないか。

一九九一年に鄧小平に代わって「改革・開放」の論陣を張った、周瑞金《しゅうずいきん》というジャーナリストがいる。天安門事件の衝撃から教条主義の古い陣地に引きこもってしまった江沢民とほかの幹部を引きずり出した人物である。それから十八年後の昨年十月、彼は、権力と利益が絡み合ったいくつもの国有企業、事実上、地主と化してしまった地方政府を指して、中国を滅ぼすものだと批判し、「特殊利益集団」だと糾弾している。

その周も、ミサイルから戦車、軍艦、航空・宇宙までの分野にわたる軍需メーカーの一群を取り上げるのは避けている。これらの軍需工業もまた、中国の新貴族たちが支配する「特殊利益集団」なのであり、増大を続ける国防費の最大の受益者なのである。

中国の国防費については、公表される数字がすべてでないことはだれもが分かっている。米国防総省がこの八月に発表した推計では、昨年度の中国国防費は一五〇〇億ドルと公表数字の二倍だ。

政府から公表された数字とまさに同額の〝埋蔵金〟が存在しているのだ。これが、軍需メーカーの研究、開発費に回され、空母建造や、地対艦ミサイル、衛星破壊兵器の開発・製造の費用に充てられているのだといわれる。

そして、この「特殊利益集団」は、小型火器は言うには及ばず、軍用機やミサイルの輸出に懸命である。権威主義的外国政府と連携を深めるもっとも有効な手段が兵器の輸出であることは、中国政府がはっきり認めているところだ。

さらに、この「特殊利益集団」の幹部たちは、何十年か先には、米国のロッキード・マーテイン社や英国のＢＡＥシステムズのような世界トップの軍需企業になることを夢見ている。国防予算を削減させないのは、提督たちの大風呂敷だけではなく、この「特殊利益集団」の力なのである。

今年の国防費の伸び率が、一桁（七・五％）だったことに触れたから、ついでに、治安維持費のことも記しておこう。治安維持費は昨年、前年比一六％の伸びを示し、今年は八・九％増えて、総額五一四〇億元となった。国防費として公表された数字よりも、わずか百数十億元少ないだけだ。

そうしてみれば、すべての「特殊利益集団」の一致した願いは、治安維持費を増やし続けることにもあるにちがいなかろう。

対中の輪に台湾が入らんことを　（二〇一〇・一一・一八）

十一月の六日から九日まで、オバマ米大統領はインドを訪問した。「軽い封じ込め」と題したトーマス・フリードマン氏のコラムが、米紙ニューヨーク・タイムズの国際紙、インターナショナル・ヘラルド・トリビューンに載ったのは、そのすぐ後である。フリードマン氏は米国を代表する言論人であり、その著作は日本でも多くの読者を持っている。

彼は言った。民主主義と、地政学、地理学、経済が米国とインドを結び付け、さらに強く結合させることになる。そして、次のように締めくくった。

「中国が如才なくやっていこうとしないのであれば、オバマの今回のインド行きはやがてニクソンの訪中の新版となり得る。私の敵の敵は私の新しい親友だ、というわけである」

中国は如才なくやっていこうとしていない。南シナ海、尖閣、人民元安、レアアース（希土類）、さらには、イランへの対応にみられるとおり、委細構うことのない強欲さが今の中国のすべてだ。米政府が中国政府の身勝手さに対して、煮えくり返る怒りを抑えてきた問題がまた、別にある。

話は二〇〇五年に遡る。ワシントンは、北京が北朝鮮の金正日《キムジョンイル》政権に硬軟両様の圧力をかけ、その核爆弾製造を阻止する努力をするものと信じていた。その期待は裏切られた。北京は、金正日政権が各国から経済制裁を受ければ、救いの手を差し伸べて、事実上の属国にしてしまい、子分の無法な所業をかばうありさまである。

ワシントンは、北京がよもやこんな振る舞いをするとは思っておらず、金政権を必ずや抑えてくれると信じていた。そこで、北京から言われるまま、台湾の主体性を追求する民主進歩党（民進党）の陳水扁総統をいじめ、野党の中国国民党の馬英九氏に肩入れした。そして、〇八年三月の選挙で台湾の総統は馬氏になる。中国の詭計通りに事は運んだのである。

それから二年。当然、北京は馬政権を支援し、馬氏は北京の機嫌を取り結ぼうとして、おどおどした言動が目立つばかりだ。

かくしてワシントンは、そこここで笑いものにされたり恥をかかされたりしながらも、怒りを抑えてきた。北京は北朝鮮では完勝した。台湾ではさて、どうか。

総統選で民進党が敗北した同じ年の〇八年五月、党の主席に蔡英文氏が選ばれた。女性である。台北市の生まれ、父親は台湾南部の出身。蔡氏は学者で、国際政治、国際経済が専門だ。経済部の顧問になり、多くの人々にその才幹を買われた。一九八八年に李登輝総統の指示で、（台湾と中国の）『両国論』を起草した。三十二歳の時である。温和な彼女をして今日あらしめる出発点となった。

その蔡氏が野党党首になって、台湾政治の天気図は大きく変わった。立法委員（国会議員）の補欠選挙、地方首長選挙で、野党候補が勝利を収め、世論調査では、蔡英文主席の支持率が馬英九総統のそれを上回ることにもなった。

なぜなのか。国民党の議員ですら持つ深い疑惑がある。馬政権の中枢にいる人びとの中に「台湾を売り飛ばそう」と、その時機と手法を探っている人がいるのではないかという大きな懸念である。

もうひとつは、台湾経済の停滞だ。「アジアの四頭の小さな竜」の先頭を切っていた台湾が、今は最後尾を走り息を切らしている。今年六月に馬政権は中国と経済協力枠組み協定を結んだ。中国側の狙いは台湾併合を目指しての第一歩であり、馬氏の狙いは、台湾経済の活性化であろう。

そういくか。ＩＴ（情報技術）産業と中国に進出した一部の企業を除いて、台湾の経済は沈滞している。一握りの大金持ちのために馬政権は相続税、贈与税を引き下げ、その穴埋めとして一般庶民の負担となる消費税を引き上げた。失業率は最近、五％にまで下がった、と政府は宣伝にこれ努めているが、八％に高止まりしているのが真実であろう。

そこで今月二十七日の台湾五大都市の市長選挙のことになる。台北、新北、台中、高雄、台南の五大都市の人口の総計は一二〇〇万、台湾総人口の約六割を占める。元総統の李登輝氏は民進党を応援して、「馬英九を捨てて、台湾を守ろう」と叫ぶ。これらの選挙が二〇一二年の総統選挙の前哨戦となるからであり、李氏は五大都市のすべてで勝てと檄を飛ばす。控えめにみても、民進党が三勝する可能性は十分だ。地盤の台湾南部の高雄市と台南市は手堅く押さえられよう。そうなれば、残る一勝が、台北市長選に臨む前行政院長（首相に相当）の蘇貞昌《そていしょう》氏、新北市（前の台北県）の市長選に出馬した蔡主席の、市民への最後の語りかけにかかってくる。

太平洋を囲む国々、それこそフリードマン氏が説くところの「民主主義、地政学、地理学、経済」によって結びつく国々の輪に、台湾が加わることを望むのは、筆者だけではあるまい。

胡・温派が抱き込んだ習近平氏（二〇一〇・一二・二〇）

この十月に、習近平《しゅうきんぺい》氏は第五回中国共産党中央委員会総会（五中総会）で、党中央軍事委員会の副主席に選ばれ、党と軍の双方に足場を得て、二年後の指導者と決まった。

ここで、習氏がどのような才能を持つか、どのような考えの持ち主かを語るつもりはない。彼は誰の庇護の下にあるか、誰の支持を受けているのかを見たい。

話は、二〇〇七年十月の第十七回全国人民代表大会（全人代）開催の前にまで戻る。新聞社の北京特派員、中国専門の論説委員、さらには中国研究者の誰もが、党総書記の胡錦濤氏と首相の温家宝氏は力を強めている、そこで、彼らの後継ぎは二人の出世の基盤となったのと同じ中国共産主義青年団（共青団）の出身である副首相の李克強氏と広東省党委書記の汪洋氏がなる、と推測した。

当然の見方だった。彼らに対抗する江沢民勢力は次の有力な指導者となるはずの陳良宇氏を失い、江氏の強力な右腕、政治局常務委員の曽慶紅氏の定年による引退が確実とみられ、江勢力の凋落は誰の目にも明らかなように思えたからである。

幕が上がって、誰もが驚いた。誰も口にしなかった習近平氏が後継レースのトップに躍り出た。

観察者が知らなかったのは、中国共産党の最高人事は九人の政治局常務委員の意思だけでは決まらず、一ダースほどの元、前政治局常務委員の意向を斟酌《しんしゃく》するという不文律があることだった。キングメーカーとなった曽慶紅氏が元老たちを精力的に説得して回り、江沢民派の願いを通したのだ。

こうしたわけで、日本の著名な中国専門家が、習氏は「太子党（高級幹部子弟グループ）、軍など守旧勢力に支持されている指導者であり、それ自体が政治改革の阻害要因だ」と説いた。誰もが、同じように考えた。

では、この十月、習氏がはっきり後継者と決まったのは、再び曽慶紅氏の強引、巧妙な手腕によるものだったのか。

香港で刊行されている月刊誌に『争鳴』というのがある。創刊は今から三十三年前、一九七七年十一月だ。毛沢東が没して一年後、胡耀邦が活躍するようになり、文革時代に追放された多くの党幹部の名誉を回復し、党の専制主義を排除し始めたときだった。『争鳴』はこの民主化の動きを支持した。

続いて、胡耀邦の部下の一人と『争鳴』との間に、ある連携が生まれたようであった。創刊から一年後の七八年の十一月号から、羅冰《らひょう》という署名の記事が巻頭の社説の次のページに載り、中国共産党最上層部、中南海の動きを伝えるようになった。『争鳴』の数多くの執筆者の中で、「本刊記者」の肩書を持っただ一人の羅冰氏の報道は現在まで続いている。

さて、今年十一月号の『争鳴』の羅冰氏の報道は「元老たちが大富豪の曽慶紅を偽君子と批判した。曽氏の資産一〇〇億元」と題するものだった。八十五歳の喬石《きょうせき》、七十九歳の尉健行《いけんこう》、九十三歳の宋平《そうへい》、七十五歳の羅幹《らかん》といった元政治局常務委員、硬派の面々が集まった反省会で、党規、国法を犯して巨額の蓄財をしたと曽氏を厳しく非難した。党中央規律検査委員会の審査にかけよ、との声まで出たという。

実は、『争鳴』の同じ号に羅冰氏署名の、もうひとつの報道が載り、党中央規律検査委員会書記、政治局常務委員でもある飛び切りの江沢民派、賀国強《がこくきょう》氏が五人の副書記たちから厳しく批判され、引退せよと迫られたという事件を伝えていた。それが九月二十七日の出来事だった。曽慶紅氏が元老たちから糾弾されたのは、十月九日である。曽氏は自分の過ちを認め、平謝りに謝るしかなかった。

この二つのニュースはたちまちにして党幹部の間に広まり、十月十五日に開幕する五中総会に全国から集まった、すべての中央委員の耳にも入ったに相違ない。

だから、その総会で習氏が次のトップだとお披露目されたとき、「守旧勢力に支持」されてのことだと思った中央委員はいなかったにちがいない。

習氏を後継者に推したのは、胡錦濤氏と温家宝氏であることに間違いはなかろう。その総会で、習氏は民生改善がもっとも重要な問題であり、格差拡大を阻止する、と胡・温路線に沿って説いている。

そのために党指導部がしなければならないことは、何よりも膨大な国防費の削減である。国防費を増やし、高級軍人と軍需工場の首脳を満足させるために、治安費の増大は底知れず、今年の治安費も公表されている国防費を上回るといったありさまなのだ。この恐ろしい悪循環を食い止め、国防費と治安費を削減し、都市で働いている一億人以上の農村出身者に都市戸籍を与えるための社会保障費に回さなければならない。そのためには、「守旧勢力に支持」された人物を次の指導者にしてはならない。こうして、五中総会の直前に胡・温体制は習氏を自分たちの陣営に加えたのであろう。

中国「穏定の維持」時代の終わり（二〇一一・三・四）

チュニジア、エジプトを支配していた長期独裁政権がたちまちのうちに倒れ、リビアの独裁者の命運も尽きようとしている。人びとの関心は隣国、中国の独裁政権の明日は、ということになる。

昨年のことであったが、二つの数字を見て、驚いた記憶がある。香港と日本の雑誌に載った警察官の増員に絡むものだ。ひとつは、中国国務院が発表した、地方からの警察官増員要求の数字だ。各省などがそれぞれ八万人から一〇万人を増やしたいと要望して、その総計は一二〇万人に上った。

もうひとつは、日本の来年度予算で要求されている警察官増員の数字だ。八二三人である。これを読んで、中国の地方の警察官はよっぽど少ないのだと早合点する人がいるかもしれない。もちろん、違う。中国の公安部所属の「人民警察」と軍直轄の「人民武装警察隊」、さらに、他の部門の治安維持の要員を合わせた数字は機密のひとつなのだが、一〇〇〇万人を超すとされてきた。ところが、米誌ニューズウィークは、中国治安要員の総数について「三〇〇万の兵を抱える世界最大の中国軍を小人扱いにするものだ」とし二一〇〇万人と記した。

びっくりして、国連関係機関が発表する最新の統計表を繰り、人口一〇万人当たりの警察官の数を調べてみた。日本も他の国々もさほど違わず、二〇〇人前後。そして世界一位はイタリアだ。意外だと思う人も、マフィアの国だ、当たり前だという人もいるだろう。五五〇人である。次がメキシコで、五〇〇人に近い。麻薬戦争が続いて毎日、一〇人、二〇人が殺されている国である。当然だろう。

中国は、警察官の数を公表していないのだから、国連統計に数字は出てこない。「二一〇〇万人」を基にすれば、人口一〇万人当たり一五〇〇人を超す。秘密警察や警察補助部隊の人員数も不明なのだが、それらを削ることにして、人口一〇万人当たり一四〇〇人だとしてもいい、一〇〇〇人にしてしまっても構わない。それでもなお、イタリアの倍となる。ところが、まだ足りない、もう一二〇〇万人増やしたいというのである。一体、どういうことなのだろう。

中国共産党指導部の基本政策にはこの二十年の間、変わりがない。「穏定《おんてい》（安定）が一切を圧倒する」であり、「穏定を維持すること」がすべてに優先されてきたのである。そのための経費を惜しんではならないし、予算をオーバーしても構わないというのが、党中央の基本方針となってきた。

かくして、治安維持のための新しい機関がいくつもつくられて、治安要員は増え続け、治安維持の経費も激増を続けてきた。

一九九三年に中央と地方の治安経費の総計は一六五億元だった。それから七年後の二〇〇〇年には一〇倍になり、一七一一億元となった。そして〇九年にはさらにその四倍の六六八二億元。十六年間で四〇倍に膨れあがったのである。

だれもが思い浮かべるのは、この二十年の間の中国軍事費の絶え間ない増大であろう。実際、中国の治安維持費は軍事費と競い続けてきた。そして、昨年になって、ついに、治安維持費が軍事費を追い抜いた。もっとも、これには注釈が必要だろう。正確には、公表されている軍事費よりも治安維持費の方が多くなった、というべきであって、実際の軍事費は公表額の二倍以上なのだから、治安維持費がどれだけ大躍進を続けても、軍事費には到底、かなわない。

中国共産党指導部は「穏定が一切を圧倒する」を合言葉に、治安要員と治安維持費を増やし続けてきた。そしてこの二十年、「穏定の維持」は成ってきた。それは、人権活動家や反体制活動家を直ちに投獄してしまい、党と法へ怒りの声を上げる市民との繋がりを封じる手荒な手法によった。一カ所で起きたデモと混乱の「群衆事件」が他の村や街の「群衆事件」と結びつき、危険が広がる事態とならないように始末もつけてきた。新疆ウイグル、チベットの両自治区での暴動、騒乱の拡大を阻止して、抑え込むことにも成功した。

だが、過去二十年に及ぶ「穏定の維持」の秘訣のひとつは、同じ二十年の間に、外国資本と技術の導入を続け、広大な農村部から出てきた若い労働者を安い賃金で使い、人民元を安くとどめて、輸出産業の補助金としたことにもあった。そして、同じ二十年の間に、世界経済が成長を続け、なかんずく、米国市場が過大な消費を続け、無尽蔵に中国からの輸出品を呑み込んだことにあったのである。

だが、すべてが変わり、変わろうとしている。治安要員を増やし、治安維持費の増大を認めさえすれば、これからも安泰だと中国共産党の最高幹部が過信しているとは思えない。社会保障制度の整備など後回しでよい、軍事費を増やし続けて構わない、治安維持費さえ増やしていけばよいといったお気楽な時代は、チュニジア、エジプト、リビアの事態が起きる前にとうに終わりを告げている。

震災三年の今も批判許さぬ中国（二〇一一・五・一二）

東日本大震災と中国とのかかわりについて書こう。大震災が起き、中国のインターネットには「熱烈祝賀」の文字が躍ったが、そんなことを言う奴は中国人の面汚《つらよご》しだという声が出て、日本頑張れの文字が大勢を占めた。そのような時である。塩が安定ヨウ素剤の代わりになるという怪しげな情報が発端で、一騒動が持ち上がった。

福島県のいわき市や富岡町で住民に安定ヨウ素剤が配られたというニュースを知ってのことだったのか。いや、海水が放射能で汚染されてしまい、塩の生産が止まってしまうぞとネットに書き込まれたのが最初だったのであろう。三月十六日から食塩の買いだめが始まった。外部被曝《ひばく》、内部被曝のどちらか、塩を皮膚に擦り込むのか、それとも嘗《な》めるのか、そんなことはどうでもよかった。一袋一・三元〜一・五元、日本円にして二〇円足らずの食塩がたちまち一〇元に暴騰して、町のスーパーの棚から消えた。この「パニック買い」は、香港、マカオにまで波及した。

五日後には全てが笑い話になった。「地震で死なず、津波で死なず、放射能でも死ななかった日本人がこの話を聞いて笑い死んでしまったとさ」と書き込まれた。

笑ってすませないのが艾未未《アイ・ウエイウエイ》氏の四月三日の拘束である。艾氏はモダン・アーティストとして国際的に知られた人物で、五十三歳。二〇〇八年北京五輪のメーン会場、国家体育場（鳥の巣）の設計に携わった建築家でもあり、ドキュメンタリー映画の製作もしてきた。そして、中国の専制体制を批判してきた。警官の暴力で脳出血の手術を受けたこともあり、かれのアトリエの一つは取り壊されもした。

かれが厳しく非難してきたのは、同年五月の四川大地震の後の当局の対応だった。六万人を超す地震の犠牲者のうち一万人は子供であり、その大半は校舎の倒壊による犠牲だった。小中学校の校舎が潰れたのが手抜き工事によるものであることは、すぐに明らかとなった。地方政府はしかし、親たちの追及を阻止し、すべてを隠そうとした。追悼式を開かせず、死んだ子供たちの名簿を作らせず、慰謝料を親に与えるのと引き換えに裁判所へ提訴させないようにした。

艾氏は行動に出て、学校で死んだ五二〇〇人以上の子供の名前を調べ上げ、自分のブログに載せた。翌〇九年にはミュンヘンの美術館に追悼作品を発表した。何千個もの布製ランドセルの山だった。

さて、中国共産党最高幹部を神経質にさせているのは、今年一月にチュニジアで始まりエジプト、リビアなど他中東諸国に広がる長期独裁政権に対する闘争である。彼らが思い浮かべるのは、二十二年前の天安門事件であり、その後に始まった東欧の民主化革命であろう。中国各地で一〇〇人以上の民主活動家、政府非公認のキリスト教会の信徒を拘禁、軟禁し、都市中心部を警官であふれさせた。

日本で大震災が起きたのはそのさなかだった。党中央宣伝部は伝統メディアとは距離を置く南方都市報、新世紀など新興メディアの記者が日本の災害地に行くのを許した。彼らが報道したのは、四川の地震よりもはるかに大きな地震だったにもかかわらず、日本の小中学校は倒壊しなかったという事実であり、日本の政府や東京電力への厳しい批判の紹介だった。

党首脳部はこれはまずい、と思ったのであろう。何しろ、四川大地震からまる三年を迎える五月十二日が間近に迫っていた。最も危険なのは艾未未氏だ。彼を野放しにしておかない方がいい。実力者、周永康《しゅうえいこう》・中央政法委員会書記が艾氏の拘束を決めたとみていい。

大震災と関係ない話を最後に記す。今年元旦から中国共産党が唱えるようになったのは「幸福」の美辞である。英国のキャメロン首相、フランスのサルコジ大統領も口にした流行語なのだが、中国では各省の党書記が一斉に、「幸福省」をつくるのだと叫んだ。「幸福重慶」「幸福瀋陽」を建設すると説き、「幸福」の歌がテレビで流れ、町では「幸福」度を尋ねるアンケートがおこなわれることになった。今年から始まる新五カ年計画は「幸福」社会を目指す、と党指導部は強調した。そして「幸福」をキーワードとする全国人民代表大会の初日の三月五日に、温家宝首相が施政方針演説をおこなった。

ところが、温首相が長い演説の中で「幸福」を口にしたのはわずかに一回だけで、首相が繰り返し強調したのは、「改革」の二文字だった。私が数えたのではないが、七一回にものぼったのだという。

政治「改革」なしには中国人の全てが「幸福」になることはできないのだ、というのが温首相の考え方である。それに対し、首を横に振る党中央常務委員がいて、艾未未氏の類いは監獄にぶち込んで安定を維持してこそ、「幸福」を求めることができると考える。

どちらを選択するのか。振り返ってみれば、胡錦濤—温家宝政治のこの八年余の間に、中国の内外で問われ続けてきたのがほかならぬ、この問題だったのである。

中国共産党九十歳の不都合な真実（二〇一一・七・一）

七月一日の今日、中国共産党は創立九十周年を迎えた。「愛党」をスローガンにした祝日である。今年の初めから、中国共産党が「私たちは幸福だ」といった宣伝戦を全土で繰り広げてきたのは、この「愛党」キャンペーンに繋げる算段があってのことだった。

さて、中国共産党は、自分たちは九十年の歴史を持つのだと鼻を高くしているが、その歴史のすべてを明らかにすることはできないできた。この九十年のちょうど真ん中に当たるのが一九六六年なのだと気づけば、感慨を覚える人もいよう。毛沢東の死まで十年間続く文化大革命が始まった年である。

彭真《ほうしん》北京市長が若者二人に両腕をねじ上げられている光景を収めた写真を見せられて、「スマートでないが正直だ」「地球規模で問題は展開」などと語った日本人もいたのだが、文化大革命が毛の復讐心を込めた粛清だったことは後にだれもが知るようになる。

だが、共産党はその文化大革命の系統的な研究を許していない。そして、文革を生み出した大躍進運動と「三年の自然災害」についても、真実を伏せてきた。

昨年、『毛沢東の大飢饉《だいききん》』という題の歴史書が、英国で刊行された。邦訳は今月末に発行される（邦訳草思社刊）。著者は、フランク・ディケーター、ロンドン大学東洋アフリカ学院（SOAS）教授である。教授は二〇〇五年から〇九年にかけ、広東省から甘粛省までの地方党委員会が管轄する公文書館を訪れ、大躍進運動と大飢饉に関する党の資料を収集し、隠蔽されてきた秘密を調べ上げた。そして、党幹部により収容所に送られて殺された者が二五〇万人にも上り、餓死者と合わせて犠牲者は四五〇〇万人に達することを明らかにした。

明らかになった事実はもうひとつある。ディケーター氏のような外国の研究者が党の公文書館から資料を収集できたことからも分かるように、「毛沢東の大飢饉」を認めようとする党幹部がいるという事実である。政治改革を怠り、硬直化した政治体制を弾圧と投獄でこの先も維持していくことはできないと考える人たちであり、その中心人物は温家宝首相だ。

ところが、毛沢東を卑しめてしまったら、党そのものが傷つき、党による支配が難しくなると、これまで通りの考えを変えようとしない党幹部がいる。さらには、党の権威を侵食する価値の多元化を抑えるためには、いまこそ毛沢東が必要だと、もっと積極的に捉える党幹部がいて、潜勢力を持つ党長老の支持を得てもいる。

これらの二つの勢力が、来年秋の党大会に向けて、影響力争いを繰り広げる中で、毛沢東批判を許さないと説く党幹部、国家副主席の習近平氏、重慶市党委書記の薄熙来《はくきらい》氏が力を強めている。

この五月の下旬、日中韓首脳会談が東京で開かれ、温首相が来日した。公式行事のない一夜、温首相は中国大使館員と華僑の集まりで話をした。政治改革が必要だと説いているうちに、首相は涙ぐんで、目頭を指で押さえた。

温家宝首相は一九八〇年代後半の党総書記の胡耀邦、続く趙紫陽と同じように、政治改革の志を遂げることができないまま退陣することになるのであろうか。

では、ソ連共産党が九一年に壊滅した後――胡耀邦が八七年に追われ、趙紫陽が八九年に追われた後、と言ってもよいのだが――、今日までの二十年、中国共産党が存続できたのはなぜだったのであろう。

何よりも幸運に恵まれた。アメリカの好景気がずっと続いたのである。中国の港からアメリカの港に向かうコンテナ船は食料以外、アメリカ人が住まいの中で必要とするすべての物を運んだ。アメリカから中国に戻ってくるコンテナは、あらかたが空っぽで、せいぜい古新聞と干し草だった。

中国の対米貿易は膨大な黒字となって、アメリカ国債に化け、そうした低コストの資本供給が、アメリカの住宅建設を異常なまでに拡大させ、それがまた、中国の対米輸出を増大させていく。

中国はたちまち「世界の工場」になり、農民工は「二等公民」の扱いを受けながらも、一億人から二億人へと増え続け、「世界の労働者」となった。中国の基幹産業を独占する国有企業も巨大な力を持つようになり、党長老の一家はいずれも大財閥となった。実質的に大地主になっている地方の党幹部の親族も、大資産家となった。そして、軍事費と治安費は毎年二桁もの伸びを続けてきた。

クレムリンからソ連国旗が消えて、ロシアの三色旗に代わってから二十年この方、中国共産党の存続の日々はこのような塩梅《あんばい》だった。しかし、この先、中国の経済が、これまでと同じ仕組み、同じやり方で進展していくことはあり得ないし、軍事費と治安費が五年ごとに倍増することを許してきた時代も終わらざるを得ない。習近平氏と薄熙来氏は、温家宝氏が手厳しく批判している、「封建主義の遺風」「文革の余毒」にひたっている余裕はないはずである。

中国最大の密輸犯送還の読み方（二〇一一・八・二三）

一カ月前の七月二十三日午後八時過ぎ、中国で信じられない出来事が起きたと書けば、大方の読者は、ああ高速鉄道の脱線事故のことか、と察しがつかれるだろう。そう、浙江省温州市付近で高速鉄道が脱線して、多数の死傷者を出しながら、鉄道当局が事故車両の一部を土中に埋めたりして、原因究明を疎《おろそ》かにしたばかりか証拠隠滅を図ろうとした印象も与え、さらに、その二日後には早くも運行を再開し、日本を世界を何度も唖然とさせたあの事故である。

それより四時間前の午後四時、この事故に比べれば注目度は低かったものの、重要度十分の出来事が中国であった。北京国際空港に着陸したカナダの旅客機から、中国人警護員に護送された一人の中国人男性が降り立ったのである。この男、名前を頼昌星《らいしょうせい》という。お決まりの枕詞《ことば》を使って、「建国以来最大の密輸事件」の主犯だと紹介すれば、思い出される読者も中にはおられるかもしれない。

頼氏が率いた一団は廈門《アモイ》を舞台に、儲けになるあらゆる物資を密輸し、邪魔をする税関の監視艇を沈め、首を突っ込む税官吏を始末してしまうという手荒なことをやった。当然ながら、頼氏には庇護者がいた。福建省政府の貿易機関幹部の林幼芳《りんようほう》という女性である。林氏にもまた、後ろ盾がいた。夫の賈慶林《かけいりん》氏、一九九〇年から九六年にかけて福建省トップ、省党委書記や省長を務めていた御仁だ。

ついでに記しておけば、福建省党委の副書記には賀国強氏がいて賈氏の後、間に一人をおいて九九年まで福建省長だった。もう一人、来年の党大会で胡錦濤国家主席を後継するとみられる習近平氏は九五年から福建省党委の副書記をし、九九年に省長となっている。習氏については、ここでは触れない。

廈門密輸事件の摘発が始まったのは九九年四月、その年の八月には頼氏は家族とともに、カナダに逃れている。翌年、カナダ当局に捕らえられ、難民の申請をした。以来、本国に送還される十一年の間に、密輸事件の関係者一二人が刑死し数十人が入獄している。

この間、頼氏は二度、声明を発表し、獄中の公安部副部長よりも上の幹部が事件には関与していると語った。その幹部たちに向かって、自分を送還させようとする連中を抑えよ、さもなくば……と脅しをかけたのだ。それらの者たち、例えば賈、賀の両氏は同じ十一年間に、「たった九人が世界を動かしている」といわれる、その九人の党中央政治局常務委員になった。二人とも江沢民前国家主席が一番に信頼していた配下だった。

もっとも、頼氏を連れ戻さずとも、来年の十八回党大会後に賈、賀の両氏が残ることはない。来年には、賈氏は七十二歳、賀氏は六十八歳になり、党役員の定年に引っかかる。頼氏を送還させるべく執拗に動いてきた胡錦濤指導部の究極の狙いは、江氏らの政治的息の根を断つことにあったのではないか。

話を七年前の二〇〇四年夏に戻そう。江氏は国家主席兼党総書記の座を胡氏に譲って二年たち、中央軍事委員会主席の椅子からも退かなければならなかった。ところが、江氏はたった一つ残ったポストに未練があり、継続してやってもらいたいという声を党内で高めようと躍起になっていた。

胡氏と氏に連なる主流派はどうしたか。頼氏の身柄が近く、中国側に引き渡されるという情報が広まり、胡氏が江氏に向かって賈常務委員は私が守ると約束したという噂が、その後に続いた。米紙ニューヨーク・タイムズが江氏は辞任すると報じ、氏は辞めた。

その後のことである。「軍委首長」と呼ばれる人物がいることが明らかになった。公にされたことはなく、いかなる党・政府の決まりにもないが、現職の軍総参謀長がはっきり述べた呼称であり、間違いなく存在している。「軍委首長」になっているのは、すべての公職から身を引いたはずの江氏だった。軍主体の大きな式典で、中央軍事委員会主席を兼ねる胡氏が立ち、その隣に江氏が並んだりしていたのも、彼が「軍委首長」であったればこそ、なのだ。

党中央に圧力をかけ、そんなポストを秘密裏に設けさせたのは、中央軍事委員会の委員たちであろう。江氏に引き立てられたのを恩に着ての行動だけではなかった。軍事費の毎年二桁増しの大盤振る舞いをしていた、江政権時代の慣行を踏襲させようと、江氏のために新ポストを提供したのである。

中国が軍事費を五年ごとに倍増していく無駄を続ける余裕などないことは、胡主席、温家宝首相が公の場では口にはしないものの執務室では語ってきたはずだ。

中央軍事委員たちはいずれも、来年の党大会までに定年の七十歳に達し、その陣容は一新される。その機を逃すことなく、江氏の息がかかっていた面々を一掃することにより、軍事費増大に歯止めをかける――。それは胡―温体制最後の大仕事の一つになるはずだ。

頼氏送還には、胡指導部のそんな意図が見え隠れするのだ。

中国が北の核開発を止めぬ理由（二〇一一・一〇・二八）

この十年の間に東アジアで起きた出来事の中で、多くの人が誤解し、間違えて解釈してきた大事がある。ここで取り上げたい。

今から五年前、二〇〇六年十月に北朝鮮は核実験をおこなった。だれもが抱いた疑問は、どうして中国は北朝鮮が核武装するのに反対しなかったのかということだ。

その問いに対する説明は次のようなものだ。中国政府が北朝鮮政府に向かって核開発を止めよと強要したら、北の政府は崩壊し、大量の難民が中国の東北地方に流入する。中国政府はそれを恐れ、北の核開発をずるずる認めてしまったのだ。

さて、新しい解釈をみせてくれたのが、ヘンリー・キッシンジャー氏だ。彼が最近、刊行した『中国について』の中で説いた。中国が北朝鮮に核開発を止めよと迫れば、金体制は崩壊すると述べるまでは同じだが、その後が違う。

韓国軍とアメリカ軍が北朝鮮に侵入し、アメリカ軍が鴨緑江まで迫る。一九五〇年の十二月に同じ状況になったとき、中国軍は介入した。また同じことをしなければならなくなると警戒した中国政府は、北朝鮮の核開発に目をつぶることになったというのだ。

今年の六月のことになるが、米誌タイムの記者がキッシンジャー氏に向かって、あなたの中国に対するバラ色の見方は、あなたの会社が中国政府のための仕事をしているからか、と問うた。キッシンジャー氏は色をなして怒りはしたが、鴨緑江に迫るアメリカ軍といったお伽話は中国政府へのお世辞以上のものではない。中国は北朝鮮と友好協力相互援助条約を結んでいる。今年七月が締結して五十年に当たり、両国政府は記念行事をおこなった。武力介入の軍事条項があるのだから、北朝鮮に混乱が起きた場合、中国が核関連施設を保全するとの声明を出して軍事介入することは間違いない。

東北にあふれる難民といった理由付けはどうなのかといえば、実はこれは中国側が作った話だ。そもそも核開発を止めよと金正日氏に迫って金体制が崩壊するのか。国民の民生向上のために努力しろと圧力をかけられ、経済制裁するぞと凄まれたら、金氏は自分の政権維持のためにその要求に従い、国民からは全幅の支持を得たであろう。政権瓦解など起こるはずはなかった。

読者に思い出してもらうため、いささかの説明をしよう。北朝鮮の核開発を阻止するために、アメリカ、中国、韓国、ロシア、日本が参加する六カ国協議が開かれたのは二〇〇三年八月、翌〇四年に二回、〇五年に五回、そしてその年に北朝鮮は核の放棄を宣言するのだが、最初に述べた通り、そのまた翌〇六年十月には北朝鮮が核実験をおこなってしまい、六カ国協議は失敗に終わった。

六カ国協議のアメリカ側の代表はヒル国務次官補だった。国務副長官であったリチャード・アーミテージ氏、続くロバート・ゼーリック氏がアメリカ側の最高責任者だった。

アーミテージ、ゼーリックの両氏は中国が必ずや北朝鮮を抑えてくれると信じ、中国政府に言われるまま、アメリカ政府は台湾の野党、中国国民党の馬英九氏を支援し、総統だった陳水扁氏を邪険に扱った。アメリカの後押しがあると台湾人は思ったからこそ、馬氏を総統に選ぶことにもなった。

ところが、アーミテージ氏は〇四年末に辞任し、後任のゼーリック氏も〇六年五月、北朝鮮が核実験をおこなう少し前に辞めた。なぜだったのか。二人とも今日まで何ひとつ語っていない。ゼーリック氏は国務副長官であったときに、口惜しげな口調で、中国は北に核武装を断念させる力を持っているのだ、と何回か言った。中国政府に裏切られたと知って退いたという面がアーミテージ氏に、そしてゼーリック氏になかっただろうか。

先月のことになるが、アメリカが台湾へ武器売却を決めたことに対して、中国政府は最大級の非難をアメリカに浴びせてみせた。だが、本当なら六年前、中国政府はゼーリック氏に向かって、北朝鮮の核開発を止めさせる、アメリカは台湾への武器供与を止めてくれと要求できたのである。

中国政府は別の道を選んだ。北朝鮮政府の核開発を黙認することにした。なぜだったのか。

北朝鮮を国際的に孤立の状態にしておけば、北朝鮮は中国に頼らざるを得ず、中国は北朝鮮の実質的な宗主国になると読んでのことではなかったのか。それとも、一〇〇社以上の子会社を持つ中国の国有企業、核工業建設集団が北朝鮮の核開発に関与してきたからか。

北朝鮮が小粒な韓国を目指すことになったのでは、われわれの利益にならないと思ったのは、中国の軍部であったはずだ。軍事費が毎年二桁増し、五年で倍増するという最高に望ましい状況を続けていくには、朝鮮半島と台湾海峡の緊張を醸成し続けることだと、〇五年、〇六年に考えたのであろう。五年後の現在はどうであろう。

中国国内政治に使われた総統選（二〇一二・一・一七）

台湾の総統選挙が終わった。民主進歩党（民進党）の蔡英文氏が台湾のサッチャーになれるかどうかは、四年先に持ち越された。

前回二〇〇八年総統選では、中国の口車に乗せられた米国が中国国民党の馬英九氏に肩入れして、彼の当選となった。今回はもっぱら、中国が馬氏を支援した。例えば、台湾の大企業はすべてが中国に進出していることから、人質に取られたのも同じで、いずれも馬氏支持を表明せざるを得なかった。

さて、馬氏が再選されたからといって、台湾の多くの人が中国に好感を持っていないことは言うまでもない。昨年、台湾の教育関係団体が高校生から大学生、専門学校生までを対象に調査した結果、八九％がもっとも非友好的な国として嫌ったのが中国だった。台湾を国際的孤立に追い込もうとしてきた中国を好きだと言う人はいない。

選挙運動中、中国との「和平協定締結」の可能性を馬氏が口にした途端、反対が巻き起こり、馬氏は慌てて、交渉前に住民投票で民意を問うと約束せざるを得なくなった。馬氏は二期目四年間に台湾の存在を否定するような取り決めを中国と結ぶことはできまい。

中国政府はそもそも、台湾に対しては、時に、軍事的な恫喝をおこなってきた。振り返ってみよう。

一九五八年八月、台湾支配下の金門島に対する中国軍の大々的砲撃は、同島を奪おうとしたのが毛沢東の最初の狙いだったという解釈を、だれもが口にした。だが、毛の真の意図は全く違っていた。

砲撃開始前、毛が部下に宛てた私信には、金門島に対し大規模な砲撃をする、米海軍がこれに報復して福建沿岸のいくつかの港町を砲撃することを望む、と書かれていた。米軍が大陸に攻め込んでくる、地主のために土地を取り戻しにやって来るのだと宣伝し、民兵隊をつくらせ、それを建設中の人民公社の大黒柱にしようとしたのが毛の金門砲撃の真意だった。

九六年の台湾総統選挙の前、中国軍は福建沿岸で上陸演習を続け、さらに台湾近海にミサイルを撃ち込むということまでやった。李登輝候補を落選させる狙いだった、と現在まで語られてきている。

本当の目的はそうではなく、台湾を不安に陥れることにあった。株価は下落し、銀行の窓口に台湾元を米ドルに替えようとする小金持ちが行列をつくった。北京の狙いは、当時の指導者の李登輝氏をして台湾に再び戒厳令を敷かせ、総統選挙を中止させることにあった。台湾で選挙がおこなわれ、総統が選ばれるといった民主的な制度が根付くことが自国民に与える影響を恐れたのである。台湾を中国と同じ政体にとどめさせようとしての軍事脅迫だった。金門砲撃と同様、これまた国内政策だった。

二〇〇四年三月に民進党の陳水扁氏が台湾総統に再選された後のこと、中国軍は毎年続けていた福建沿岸の東山島での上陸演習を大規模に実施し、江沢民氏の秘密演説をわざと漏らして、香港紙に掲載させた。台湾との戦いは避けられない、米国との核戦争も覚悟の上だ、と大見えを切っていた。

ワシントンはすぐに江氏の意図に気づいた。戦争だ、戦争だと騒ぎ、若い者にはとても任せられないと言い、党と国家の指導者はすでに辞めていたものの党中央軍事委員会主席の椅子には座り続けたいとの願いがあっての、台湾を利用したお芝居だった。だが、江氏の思い通りにはならなかった。

最後の軍事的な恫喝は、六カ国協議が延々と続いていた〇三年から〇八年までの期間に、中国政府がおこなったものである。本欄で前に論じたことがあるが、中国は北朝鮮の核武装を放棄させるといった素振りを見せ、交換条件として米国に台湾の総統だった陳水扁氏と民進党への支持を断たせようとした。米国と陳水扁政権との関係は、米側が危険視し、愛想づかしした面が大きいにせよ、そうなった。

中国政府は北朝鮮の核爆弾の製造をやめさせる、さらなる交換条件として、米国に台湾への武器供与を停止させるという提案ができたはずだった。ところが、台湾への米兵器売却など、中国政府にはどうでもよかった。北朝鮮の核武装を阻止するつもりが全くなかったことでも明らかなように、朝鮮半島と台湾海峡に冷戦構造が存在する形にしておきたいというのが、中国、とりわけ軍事費を毎年二桁にすることが必要だと説く中国軍部の本音だといっていい。

米政府もさすがに、中国政府の身勝手なやり口に我慢できず、オバマ大統領は一月初め、中国を名指ししてその脅威を指摘し、アジア太平洋地域の戦力配備に重点を置くと発表した。米政府の戦略転換は、中国軍部にとっては、警戒しなければならないというよりも歓迎すべきことだったはずだ。

中国の軍部と党の指導部は、自らの既得権益の保持を最大の念願としてきた。そのために折々に台湾を使ってきたことは、以上、見てきた通りである。中国にとり、その意味での台湾の利用価値は、これからも変わらないだろう。

習氏は米「格差」に示唆を得たか（二〇一二・二・二〇）

中国の次期指導者となる習近平国家副主席が、アメリカを正式訪問した。オバマ大統領、バイデン副大統領、パネッタ国防長官は習副主席に向かって、人権問題から不公正な経済慣行、大国の責任の問題までを問うた。習副主席の答えは、お定まりのものだった。

ほぼ一年前の昨年一月に、胡錦濤国家主席がアメリカを公式訪問している。その際、オバマ大統領は公式行事とは別に内輪の夕食会を催し、胡主席の本音を聞こうとした。ところが、何を尋ねても、胡主席からは、それこそ、共産党機関紙『人民日報』の社説と変わりない答えが返ってきて、大統領をひどく失望させたのだという。

胡主席はうかつなことが言えなかった。アメリカにおもねった、アメリカの言いなりになった、とソーシャルメディアで批判、非難され、党指導部内の強硬派につけ込まれる隙を与えてはならなかった。詰まるところ、胡主席は党内の国粋主義を錦の御旗にする強硬派を抑えることができるだけの強い指導力を持っていないのだ。

習副主席はどうであろう。胡氏の後任の党総書記に選ばれる秋の共産党大会を前にして、習氏もまた、アメリカ政府首脳に妥協、譲歩したと非難されるようなことをしゃべれようはずがなかった。それはともかく、習氏もまた、胡氏のように、党指導部内では力の弱い指導者となるのであろうか。

習氏は、アメリカ滞在中に評判となっている本を、だれかから贈呈されなかったのであろうか。『カミング・アパート』（ばらばらになってしまって）という本だ。

この数十年間に、アメリカは、「豊かなアメリカ」と「貧しいアメリカ」に分断されてしまったと論述した研究書である（邦訳『階級「断絶」社会アメリカ』、草思社刊）。教育も、結婚も、職場も、住む場所も似通った、超エリートのわずかな一群がいる。その一方に、数多くの貧困な人びとがいる。彼らは人間同士の繋がりの基本である家族、仕事、コミュニティー、信仰を失ってしまった人びとなのだ、と保守系シンクタンクの研究員である著者のチャールズ・マレー氏は述べる。

だれもが知る通り、国民の九九％と一％の間の大きな格差の問題はすでにアメリカの政治課題となっており、そこへ一石を投じた『カミング・アパート』は多くの人に取り上げられた。この重大な問題をいかに解決するか、その道筋を示すことは、アメリカのこの秋の大統領選挙の大きな主題になる。

もし習氏がこの本を広げたのであれば、うなずいたはずだ。「貧富分化」がアメリカよりも大きいのは中国である。断裂社会となって、一方に金持ちを憎む「仇富」の強い感情があれば、もう一方の側に「嫌貧」の感情がある。そして、習副主席は、中国の大金持ちのその一団を現在は「既得利益集団」と呼ぶのだと独語しよう。昨日までは、ずばり「権貴集団」と陰で呼ばれてきた集団である。

この一月初めに、「既得利益集団」を批判する主張が党機関紙の一つに掲載された。政治改革に背を向け、治安維持の予算を増やせばよいと高をくってきた「既得利益集団」を指弾した論文だ。

習氏が『カミング・アパート』を手にしたかどうかはともかく、彼は、自分が直接に管轄する機関の部下がその「既得利益集団」批判の主唱に参加していることを、先刻承知しているはずである。

ここで、私が思い出すのは、五年前の二〇〇七年の前回、第十七回の党大会が開かれた年のことである。その前年の〇六年秋、中国の党機関紙の一つに、「民主（主義）はよいものである」という呼びかけが登場し、評論家や学者による政治体制改革の論議が始まった。そして、少なからぬ人びとが二期目の胡錦濤党総書記（国家主席と兼務）に改革への期待をかけた。

だが、胡氏は何もしなかった。党の権力を弱めることになる政治改革をおこなう力は、前にも記した通り、胡氏にはなかった。政治改革を唱えた温家宝首相は党内で孤立した。そして、党中央常務委員の一人が複数政党や三権分立など許しはしないと大見えを切った。

そこで、前に戻る。第十八回党大会を前にして、「既得利益集団」が政治改革を阻害してきたのだ、と正面切って批判する論文が現れた。「民主はよいものである」という上っ調子は消えている。「既得利益集団」とは、どんな連中なのか。論文が筆頭に挙げたのは、国有の独占企業の幹部であり、地方党・政府機関の幹部である。

「民主はよいものである」と説かれた〇六〜〇七年を思い起こせば、アメリカとヨーロッパは好景気に酔い、どこよりも中国が潤った時代だった。だが、それから五年たち、「成長こそがすべてを解決する」と高唱した中国の夢のような時代は完全に終わった。さらに、中国全土で都市化に狂奔した地方政府の膨大な債務に立ち向かわなければならなくなるのは、習近平次期党総書記、その人である。

習氏が「既得利益集団」と対決する勇気を持ち続けるよう期待するのは私ひとりではあるまい。

「絶妙な幕切れ」だった薄氏失脚（二〇一二・三・二六）

薄熙来氏が唐突に失脚した。

薄氏は重慶市の共産党委員会書記だった。「地方諸侯」の一人だったのだが、この数年、彼ほど注目された人物はいなかった。日本でいうなら、大阪市長の橋下徹氏といった存在だった。この秋の党大会で、もしかして薄氏が党総書記になるのではないか、さもなければ、国家主席は総書記が兼任するのがしきたりとはいえ、その国家主席に薄氏が就任するのではないかなどと取り沙汰され、大衆に訴える政策を打ち出した彼の「重慶モデル」が論議されもした。

薄熙来氏は、第一世代中国共産党最高幹部の子弟であること、いわゆる太子党であることが最近までの彼の力の大きな源泉だった。そして、同じ太子党、彼より四歳年下の習近平氏が、偶然の成り行きから次の党総書記になると決まってしまい、習氏に対する強い競争心が薄氏の胸中にはあった。

薄氏は一九八〇年代から九〇年代を通じ二〇〇四年まで、東北の行政官だった。大連市党委書記、遼寧省党委副書記までになった。続いて、〇七年まで、国務院の商務相だった。世界景気は上々、貿易は順調に拡大を続けていたときであったから、幸せな大臣だった。

そして、重慶への赴任だ。彼が試みた、革命歌を市民に歌わせる「唱紅」はここでは語らず、「打黒」を取り上げる。彼は遼寧省時代には、前からいた連中の〝嫁いびり〟に悩まされた。重慶でトップに立った彼は鉄拳政策を取ろうとした。重慶の公安局を十三年にわたり支配していた文強《ぶんきょう》という人物を追い出し、遼寧省時代の部下の王立軍《おうりつぐん》という警察官僚を重慶に呼び、公安局の副局長にした。揚子江有数の港町である重慶は役所と企業と暴力団が癒着していた。

薄氏は、「黒」退治を大義名分にして思いのままに振る舞った。密告を奨励し、たちまちのうちに五〇〇〇人を捕らえた。一〇年には、公安局の前のボスだった文強を死刑にした。公安、検察、法院が話し合っての荒っぽい仕打ちだった。そして、「黒」との繋がりを糾弾し、多くの私企業を市営に変えた。氏がやったことは、大衆からは喝采を浴びたが、恨みを買うことになって批判もされた。

広東省党委書記の汪洋氏の怒りも招いた。薄氏の前任の重慶市党委書記だった汪氏にしてみれば、自分の無能と無策、いかがわしさを指摘されたも、同然だったからだ。そして、薄氏にとって気がかりだったのは、その最年少の政治局委員である汪氏が、胡錦濤党総書記の秘蔵っ子だったことだ。

重慶にかかわりがある政治家には、このほか、中央政治局の二人の常務委員、中央規律検査委員会書記の賀国強氏と中央政法委員会書記の周永康氏がいた。周氏は二〇〇〇年から〇二年まで、四川省党委書記、賀氏はほぼ同じ時期に重慶市党委書記だった。周氏は大慶油田をはじめとして石油畑を歩いてきた石油業界の大御所であり、賀氏は石油化学工業界が自分の領域である。その二人が在任中に四川省の石油化学工場の建設にどのように関与したのかは、薄氏の右腕が徹底的に調べ上げたはずだった。現在、枢要なポストに座る二人の常務委員の弱みを握るのは、この上ない武器となるからだ。

周氏が薄氏に大きく肩入れしたことはよく知られている。賀氏は対応をなぜか全く変えた。薄氏とその右腕との仲を裂こうとした。昨年十月、中央規律検査委員会書記の賀氏は薄氏に向かい、王立軍副市長兼公安局長が遼寧省錦州市の公安局長だったときの職権乱用の事実を突き付け、王氏の処分を迫り、十二月に二度目、この一月にも重ねて詰問したのだという。

ところで、薄氏の子分だった人物が公安局長のポストを外された直後、成都の米総領事館に逃げ込んだと聞いて人びとが思い浮かべたのは、林彪事件だった。一九七一年、この毛沢東の戦友はジェット機で中国を脱出し、モンゴルの草原に不時着陸しようとして失敗した。林家全員が焼死したと知り、北京の高官の一人が思わず漏らしたのは「絶妙な幕切れだ」という科白だった。薄氏の腹心だった男が所もあろうに、米総領事館に駆け込んだと知って、同じ言葉を吐いた党幹部がいたに違いない。

前に戻る。薄氏がやったことは「唱紅打黒」だけではなかった。中央政治局常務委員会のナンバー2で江沢民派の重鎮である呉邦国《ごほうこく》氏は、昨年四月に重慶を訪れた際に、賃貸の公共住宅の建設を「一大徳政」と絶賛し、重慶の戸籍制度の改革を褒めた。市内に住んでいるすべての出稼ぎ農民に都市戸籍を与える計画である。医療を受けることができ、子供は公立学校に通うことができ、公共住宅に入居できるようになる。だが、薄氏の見事に過ぎるプランは、呉邦国氏が「戦略的な探求」と評した通り取りかかっただけに終わった。

さて、この中国最大の宿題の解決は、薄熙来氏が挫折せずに中央入りしてこそのことだったのであろうか。それとも、薄氏を放逐した人びとこそがやり遂げるのか。

「腐敗」によって「団結」する中国（二〇一二・四・二六）

中国人が語る警句をひとつ紹介しよう。中国共産党の最高幹部、中央政治局常務委員九人の中の江沢民前国家主席配下の数人と江氏との関係を評して、「腐敗をもって団結に換える」人たちと言ってきた。党最高指導部内にこのような掟を守る人たちがいて、下部の党組織の中にもこの定めを守る人たちが当然ながらいる。

今から約三カ月前の二月六日夕刻、王立軍という重慶市の副市長が、成都市の米総領事館に逃げ込んだ。彼は、その少し前まで、重慶市のトップである市党委員会書記、薄熙来氏の右腕だった。薄氏と王氏は双方とも、「腐敗」にまみれているからこそ、「団結」しなければならなかった。

薄氏失脚について、筆者は三月二十六日付本欄で、中央政治局常務委員にして中央規律検査委員会書記の賀国強氏が薄氏と王氏との仲を裂こうとしたのだと記述した。もう一度おさらいしよう。

薄氏は、賀国強氏の部下が自分の身辺を嗅ぎ回っていると気づいて、一九九九年から二〇〇二年まで重慶市の党委員会書記だった賀氏の過去を洗い、「腐敗をもって団結に換える」ことをやろうとしたにちがいない。だが、賀氏は清廉潔白で鳴らしてきた人物である。薄氏が賀氏と「団結」する手がかりを見いだせなかったことは、想像に難くない。賀氏の方はといえば、十年前の自身の重慶時代の何人もの知人から、適切な法手続きを踏むことなく、一族が逮捕されて全財産が没収されたりしたと泣訴されていたのであろう。

さて、賀氏らが薄、王両氏を反目させることに成功して、王氏が米総領事館に駆け込み、続いて、薄氏が隠してきた悪業の数々が明らかになるかと思えた。

ところが、それから二週間ほど後の二月二十三日、「雷鋒精神」を鼓吹する記事が党機関紙の『人民日報』に載った。雷鋒《らいほう》氏は、自己犠牲に徹し二十一歳で事故死した模範兵士である。大躍進運動の崩壊に続いて道徳律が瓦解してしまったとき、毛沢東が始めさせたのが雷鋒を称えるキャンペーンだった。あれから半世紀がたっている。

薄氏の「新紅都」重慶ではあるまいに、どうして「雷鋒精神」なのかといぶかる読者が多いと承知してのことであろう。『人民日報』は、毛沢東、江沢民、胡錦濤という歴代の指導者が雷鋒を褒めそやしたことを紙面に載せたそれぞれの年月日を列記してみせた。連日のキャンペーンがその後に続き、三月二日付の『人民日報』は、一面の半分を割いて、「雷鋒精神」を称える社説を掲げた。

同じ日、王氏の米総領事館駆け込みは「孤立した事件」だとする記者会見での報道官発表があった。新聞やテレビを通じて奏でられた雷鋒賛歌は、薄氏が重慶でやってきた、毛沢東時代の昔を賛美する大衆運動を是認するものだった。何か小さなごたごたがあったようだが、薄氏の名誉と業績に何ひとつ傷はないことを表示しようとしたのである。「団結」が第一、「穏定」（安定）がすべてとの主張が党中央の多数を制してのことだったのであろう。それで幕引きになるかにみえた。

ところが、である。報道官発表から十数日後の全国人民代表大会（全人代、国会に相当）閉幕の翌日の三月十四日、恒例の温家宝首相の記者会見がおこなわれた。温氏は外国人記者の質問に答え、「文化大革命の誤りと封建的な影響は完全に除去されていない」と語った。「重慶」モデルを否定するのはもちろん、それを「中国モデル」とすることなど絶対に許さないとの温氏の率直な意思表示だった。温氏はさらに質問を促し、それに次のように答えた。

「重慶市党委は深く反省し、王立軍事件の教訓を真剣に汲み取るべきだ」

温会見より先、国家主席で党総書記の胡、全人代常務委員長（国会議長に相当）の呉邦国、温の三氏の核心小組の討議、政治局常務委員会が開かれて、薄氏の解任を決めていたのであろう。

さらに、それから二十数日後の四月九日に刊行された党の理論誌『求是』に、温首相の論文が掲載された。温氏は「中国共産党の最大のリスクは腐敗」だと力説し、「法の尊厳と権限を踏みにじってはいけない」「法を無視してよい特別な市民など存在しない」と説いた。そして「権力は太陽の下で行使せよ」と主張した。

翌四月十日、中国の国営テレビは薄氏の党政治局員の職務が停止され、薄夫人が殺人容疑で取り調べを受けていると報じた。

恐らく殺人の一件は闇に葬るべきだと説いた党最高幹部もいたはずだ。そうならなかったのは、温氏が胡氏の支持を得て、すべてを押し切ったからであろう。

だれもが知っている通り、温首相は、政治・経済改革を唱え続けてきたにもかかわらず、これまで何もできなかった。「腐敗をもって団結に換える」人びとが存在するからだ。この秋の党大会までに温首相が打破しようと決意しているのが、この約定であろう。

権力亡者の芽摘んだ「新四人組」（二〇一二・五・二九）

中国南西部、重慶市のトップ、市党委員会書記だった薄熙来氏一家のドラマに、新たな脇役が加わった。「ダンディー」なフランス人建築家だ。毒殺されたという英国人と同様に薄夫人と親しく、これまた、薄家の資産の海外移転を手伝っていたといわれる。

薄氏のことを述べよう。彼を高く買った外国人は、何といっても元米国務長官のヘンリー・キッシンジャー氏だ。薄氏の前の任地だった大連に二回、重慶にも行き、「紅歌」を合唱する人びとと並びもし、薄氏がやがて国家主席になることを期待したのだった。

キッシンジャー氏は薄氏と「ケミストリー」（相性）が合った」と言うに違いない。その流行り言葉を、薄氏と自分との親しさの理由として使ったのはNHKの解説委員だった平野次郎氏だ。薄氏は役所にかれを迎えるのに数十メートルの赤絨毯を敷いてくれたという。

だが、薄氏はだれに対しても、そのような心遣いをしたわけではない。二〇一〇年四月に、以前、重慶の公安局長だった人物を死刑にした。十二年にわたりその椅子に座り続けたくだんの警察の主は、薄氏の前の二人の重慶市党委書記に仕えた。俚諺《りげん》に言う通り、主人の前でその飼い犬を叩くといった仕打ちを、薄氏はしてみせたのである。撲殺された犬の飼い主の一人は、胡錦濤党総書記の秘蔵っ子、汪洋広東省党委書記であり、その前の飼い主は、現在、政治局常務委員を務める賀国強氏だった。

薄氏は、共産党の最高指導部である政治局常務委員の多数派が自分を支持していると信じ、軍幹部の中にも自分の支持者が多いと自信を持っていたからこそ、そんな乱暴なことを平然とやってのけたのだが、その政治局常務委員の中で、薄氏の盟友は、中央政法委員会書記の周永康氏だった。

さて、昨日まで薄氏の右腕だった公安局長が、今年二月初めに成都の米総領事館に逃げ込む事件が起きた。それを薄氏とまったく関係のない偶発事にしてしまおうとしたのが周氏だった。だが、政治局常務委員、中央規律検査委員会書記でもある賀氏の薄氏追及の意思を止めることが、周氏にはできなかった。何より、胡総書記と温家宝首相のコンビ、次期指導者となる習近平国家副主席、李克強副首相の四人が賀氏を支持した。

周氏は「あの新四人組めが」と歯噛《はが》みしたというのだが、彼の完敗で終わった。三月半ばに、彼は政治局常務委員と中央政法委員会書記の辞任を申し出て、故郷の江蘇省無錫に帰り、やはり政治局常務委員で党内序列二位の呉邦国氏が慰留する一幕があった。

そして、前は河北省選出としての彼の党大会の代表資格が、今回は新疆ウイグル自治区代表に変わり、何ごとかと思われたとき、新疆を数日にわたって視察する中央政法委員会書記の彼の姿が、中国中央テレビで放映された。東京で世界ウイグル会議の第四回大会が開かれていた最中だった。

さて、中央政治局常務委員会の過半数の人々が薄氏の追放に賛成したのはなぜだったのか。この秋に、薄氏は周氏の中央政法委員会書記の座を継ぐつもりだといわれていた。その地位に就けば、中央社会管理総合治理委員会主任も、薄氏が引き継ぐことになる。「社会治安」を「社会管理」と言い換え、昨年つくられたその機関を、薄氏のような冷酷な算盤《そろばん》ずくの権力亡者が握ることになれば、それを党の最高機関にしてしまうとの深刻な危惧があった。

薄氏の配下の米総領事館駆け込み事件がなかったとしても、温首相は薄氏を次の政治局常務委員にすることに絶対に反対したに違いなかった。そこで、胡氏の前任の国家主席兼党総書記の江沢民氏が薄氏の側に立って、常務委員の数を九人から一一人に増やせと外野から口を出し、薄氏を常務委員会に押し込もうと企てたのだろうか。その江氏だが、薄氏の運命が決した後の四月中旬、政治局常務委員会は今秋の党大会に顧問として迎えることを決めたという。

江氏は八十五歳になり、健康ではない。今ごろ、彼の支持と保護を求める若手の党幹部はいない。厦門《アモイ》の巨額の密輸事件の主犯が昨年七月にカナダから強制送還され、この五月に無期懲役の判決を受けた。江氏が登用し、重用した政治局常務委員の妻が深いかかわりを持っていたにもかかわらず、事件は闇から闇へと葬られた。胡総書記と温首相は、江氏と彼の昔からの部下に恩を売ったのだ。

さらに、この五月のこと、江沢民氏の長男、江綿恒《こうめんこう》氏がハリウッドのスタジオ会社と組んで、上海にアニメの新会社を立ち上げた。「電信大王」と呼ばれる江綿恒氏をはじめ、太子党「既得権益者」の面々が、映画産業に進出するというのは、最近の流行である。息子と孫の事業の繁栄を望む江氏の「花道」が、第十八回党大会での顧問就任ということになる。

してみると、党大会へ向け胡錦濤、温家宝両氏の足取りは、ここまでは順調のようである。

中国軍への党の疑心暗鬼は強い　（二〇一二・七・一七）

前回、本欄に「権力亡者の芽摘んだ『新四人組』」と題する一文を草した。その時に書かなかったことをここで述べよう。

兵符を握る、兵符に手を伸ばすといった言葉が中国にある。一〇センチほどの青銅製の虎が縦に割られ、二つに分かれている。左半分は中央が保管し、右半分は地方の太守に渡される。中国の戦国時代、動員せよ、出兵せよとの命令書を携えた中央の使者が、地方の太守に真っ先に見せなければならないのがこの虎の片方だった。

そのため、兵符は虎符《こふ》とも呼ばれた。太守が持つ片方と合わせ、虎の背に彫られたいくつかの半字がぴたりと合って一つの字になれば、使者から手渡された命令書は本物ということになる。その昔、日本の貿易で取引相手を相互確認する目的で使われた割り符のようなものだと考えていい。

そこから転じた、兵符を握る、兵符に手を伸ばすという言葉の意味はもうお察しだろう。

「社会管理」の名の下、治安を司る総元締になり、併せて国家主席になろうという野心を断たれた薄熙来氏の件に移る。重慶市党委書記だった薄氏の地位が揺らぎ始めたこの二、三月、彼は兵符に手を伸ばした、と噂された。薄氏の力が及ぶ西北蘭州基地の戦爆機が北京中南海の党最高幹部居住区を爆撃するといった類いのお伽話から、二十数人の将官が薄氏を擁護する上申書を党中央に提出したという話までが乱れ飛んだ。

こうした現象は、六年前の上海市党委書記の陳良宇氏の失脚、それより前の北京市党委書記の陳希同《ちんきどう》氏追放の際には起きなかった。何ごとをも隠すことができなくなったインターネットがいまだ普及していなかったことが、その理由ではない。二人の陳氏と異なり、重慶市党委書記だった薄氏は、太子党だったからである。

太子党派だ、共産主義青年団出身の団派だと中国共産党の幹部を二つに色分けするのは、中国内外でだれもがやってきたことだ。太子党幹部の大きな特徴は、軍幹部に親密な友人がいる点にある。北京の名門小中学校に通うのは、党や国の元老の子や孫たちだ。当然ながら、軍将官の子弟もいる。彼らは親の職業を継ぎ、軍人の道を選ぶ。わけもなく出世コースに乗り、集団軍の司令になり、軍区司令にまで昇進できるからだ。

こうして太子党の幹部は将官となった幼なじみと旧交を温めることになる。小学校の同級生ではなくても、軍高官が党幹部に向かって、私に目をかけてくれた上官は建国前後に政治委員だったあなたの父上にかわいがられたと常々語っていたなどと喋り、親しい関係を築こうとする。こうして、太子党の党幹部は軍幹部と〝契りを結ぶ〟ことになり、兵符を弄《もてあそ》ぼうとする野心家も出てくる。

ところで、この二十年の間、党総書記は「平民」だった。総書記となる前、江沢民氏は軍と何の繋がりもなく、軍にコンプレックスを持っていた。そこで、党中央軍事委員会主席となった氏は、軍幹部の集まりで、制服組よりも過激な攘夷論を叫び立てることになり、軍のご機嫌取りに努め、軍事費の野放図な増額を認め、軍産複合体を肥大化させるに至った。「町人の子」と陰でいわれた後任の胡錦濤氏も、軍へのコンプレックスから軍事費を毎年二桁の伸びとする江路線を踏襲してきた。

薄氏の政敵であり、胡氏の信頼が厚い広東省党委書記の汪洋氏が率先して、党中央に対する軍の忠誠を宣誓してみせ、各地の同様の動きが軍の機関紙や人民日報の国内版に何度も載った。党と軍の首脳部が何を警戒したかは、観察者には容易に想像できた。

ところで、党中央は懸念をもう一つ抱いていることを露呈した。「党の軍隊」を強調する論文が何回も掲載されたのだ。「軍隊を国家化せよ」と薄氏が主張していたわけでは、むろんない。

外部の観察者がしばし理解に苦しんだ党、軍の中央のもう一つの懸念は、次のようなものだった。薄氏のような危険で悪質な野心家が、兵符に手を伸ばすことになるのは、中国の軍隊が国家の軍ではなく、党の軍だからだという批判が将校団の間にある。そう案じての教化工作だったのだ。

だが、軍内のそのような批判は何も、昨日今日起きたものではない。党の軍隊であるがため、軍内の太子党が徒党を組んで好き放題をしてきたのを、それこそ、「平民」出身の将校たちはずっと怒りを抑えて見てきたのだ。

今さら、軍隊の国家化は悪だ、党化は善だと唱えただけで、彼らを納得させ得ないことは、現指導者の胡総書記も次期指導者の習近平氏も承知していよう。

誰もが知るとおり、習氏は太子党派である。軍にコンプレックスを持っていない習氏が、合理的な考えと決断力を持った太子党の軍人を登用できるのであれば、中国内外の人たちは、第十八回党大会後の中国の軍に、いささかの期待をかけられることになる。

尖閣上陸は「裸官」への目眩まし（二〇一二・九・四）

中国が尖閣諸島でごたごたを起こした。この騒ぎによって、過去のことになってしまった出来事がある。それは、中国共産党首脳部が自国民に一時《いっとき》でもいいから忘れてもらいたい問題である。

尖閣諸島に香港在住の活動家の一隊が上陸したのは八月十五日だった。続いてどのようなことが日本で起き、さらに中国で起きるのかは、二〇〇四年三月にその島に上陸した「七勇士」、さらには一〇年九月に巡視船に体当たりした中国漁船の先例があることから、その時、北戴河《ほくたいが》に集まっていた中国共産党の最高幹部たちは、はっきり読み取ることができた。

さて、渤海湾深部のこの避暑地にいた彼らが国民の関心をそらしたかったのは何からであろう。

実は、尖閣諸島上陸の騒ぎが起きた直後、薄熙来氏の夫人に対する判決公判があった。初公判は八月九日に開かれ、「いかなる判決も受け入れる」と彼女は言って即日、結審し、十日ほど後の八月二十日に判決が言い渡される素早さだった。単純な殺人事件として片付けられて、彼女は死刑を宣告された。後で有期刑に減刑されて、七年後には病気治療という名目で出所となるかもしれない。

今年一月に戻る。広東省の党の公式会議で、「配偶者や子女が海外に居住している党幹部は原則として、党組織のトップ、重要なポストに就任できない」と決めた。

党、政府の高い地位にいて家族を海外に送っている者を、「裸官《らかん》」と呼ぶ。中国国内での流行語であり、家族とともに財産を海外に移している権貴階級に対する批判の言葉である。

この秋には、政治局常務委員になると予測されている広東省の汪洋党委書記が「裸官」を許さないと大見えを切ったのは、今にして思えば、汪氏の政敵、重慶の薄熙来党委書記に向けた先制攻撃だったのであろう。そして薄氏が三月に失脚してしまった後の四月になったら、薄夫妻の蓄財や資産の海外移転、米国に留学している息子や前妻の息子たちの行状までが連日のようにネットに載り、民営紙に報じられるようになった。

薄氏の年間の正規の所得は二〇万元ほどだった。米ドルに換算すればわずか二万八〇〇〇ドルにすぎない。ところが、薄夫妻は数十億ドルの資産を海外に持ち、夫人は他の姉妹とともに香港、そして、英領バージン諸島に一億二〇〇〇万ドルの資産を持つというのだ。夫人はシンガポール国籍を持っていることまでが明らかにされている。

薄夫妻がしてきたことの暴露が続く同じ四月のこと、今秋には最高指導者になると決まっている習近平氏が党の上級幹部を集めた会議で演説し、子女を海外に移住させ、二重国籍を持たせている「裸官」を批判し、中国は「亡党亡国」の危機にあると警告した。

党首脳陣の本音はといえば、痛し痒《かゆ》しであったにちがいない。実のところは、夫人の殺人事件だけを取り上げたかった。だが、そんなことをしたら、これは政治陰謀だ、党中央は経済格差の問題に真剣に取り組んできた薄党委書記が目障りなのだ、そこで荒唐無稽な殺人事件をでっち上げたのだ、と党首脳たちに対する非難、攻撃が続くのは必定だからだ。

こうして、薄夫妻がおこなってきたことを明らかにしたうえで、汪洋氏や習近平氏は「裸官」批判もしたのである。

だが、最初に書いた通り、裁判は夫人の殺人事件だけで終わった。当然だった。殺人事件の犯人はともかく、「裸官」は薄氏だけではないからだ。汪洋氏の広東省では、「裸官」を重要ポストに就かせないと決めたと前述したが、そんなことは実際にはできるわけがない。

中国共産党の中央委員を見れば分かる。この秋の党大会でメンバーは入れ替わることになろうが、中央委員は現在、二〇四人を数える。国と地方の党・政府機関、国有企業、軍の幹部たちである。彼らは選出されたという形を取っているが、党大会の代表が選んだのではない。政治局常務委員、政治局員が選抜したのだ。

香港で刊行されている月刊誌、『動向』の五月号が明らかにした政府関係機関の調査によれば、この二〇四人の中央委員のうち実に九二%、一八七人の直系親族、総計六二九人が米国、カナダ、オーストラリア、欧州に居住し、中にはその国の国籍を取得している者もいるのだという。ニューヨークや米東海岸の諸州、そしてロンドンで高級住宅を扱う不動産業者の最大の顧客はここ数年、圧倒的に中国人であり、現金一括払いの最上得意となっている。党の最高幹部たちが自国民の目を一時でも眩《くら》ましたいのは、こうした事実からである。だからこそ、夫人の判決公判に先立って、尖閣上陸は必要不可欠となったのである。

ところで、中国の権貴階級の人びとがどうして海外に資産を移し、親族を米英両国に移住させるのかは、別に取り上げなければならない問題である。

中国軍産複合体の願いかなうか（二〇一二・一〇・二）

この八月から九月、尖閣諸島の問題に絡み、日中政府間で争論が起き、中国指導部は国内の多くの都市で反日デモをおこなわせた。

こうした出来事が起きて、中国国内で一番喜んでいるのは誰であろう。まずは中国海洋石油の幹部たちであることは間違いない。そして、中国軍部首脳たちも笑みを浮かべているのではないか。

中国海洋石油から見よう。

そもそも、尖閣諸島は中国領であると中国政府が主張するようになったのは、九月二十八日付の本欄で中嶋嶺雄氏が書いているように、一九六八年に国連の機関が尖閣水域に豊富な海底資源があると明らかにしてからのことである。

それから十年後、鄧小平氏が政権を握った。彼は社会主義国中国の労働者の勤勉さを懸念し、経営者の能力に何の自信も持っていなかった。北欧の北海油田の採油が華々しく報じられていたときだった。尖閣水域から南シナ海の海底資源に頼り、大資源国になるというのが鄧氏のその時の夢だった。海底油田の探査・採掘の技術は中国にはない。米国の企業に頼らなければならない。まずは米政府、何よりも軍部の信用を得ようとして鄧氏がやった荒業が、七九年二月の十日間の中越戦争だった。

こうした中で、八二年につくられたのが中国海洋石油である。この国有会社が、尖閣と同じ東シナ海でガス田を開発していることは、だれもが知っている。日本政府は中国側に譲歩して、共同開発にしようと持ちかけているのだが、中国政府は交渉再開を引き延ばす口実に反日デモを利用している。

だが、尖閣周辺の海底資源は、六八年の予測と違って、取るに足りない量ではないかともいわれている。ただし、中国海洋石油は南シナ海でも石油、天然ガスを採掘しようと、ベトナム、フィリピン政府とその水域の領有権を争っている。中国海洋石油、いや、中国政府が尖閣でも強面《こわもて》で臨まなければならない理由がそこにある。

次に、尖閣をめぐるごたごたが中国軍部首脳たちを嬉しがらせているにちがいないというのは、どういうことなのであろうか。

英、豪の新聞で東アジアの特派員を務めたリチャード・マクレガー氏はその著書『中国共産党――支配者たちの秘密の世界』（草思社刊）の中で、「江沢民と胡錦濤指揮下の過去二〇年の間、軍はこれまでにない厚遇を受け、……正規予算を毎年二桁ずつ増やし、武器の購入や兵器システムの開発に何十億ドルも投じてきた」と記している。

中国の軍部が説いたのは、経済が二桁の成長をしているではないか、軍事費の二桁増は当たり前だとの論理だった。たちまち、中国はどこの国にも負けない軍産複合体をつくり上げてしまった。

だが、中国の軍備の果てしない増強は、国防という目標のためには役立っていない。かつて、ヒトラーは征服する欧州内で自給自足できると考えたからこそ、戦争を始めた。昭和十六年の日本の為政者はボルネオとスマトラの油田を手に入れれば自立できると考えたがために、戦争に踏み切った。

現在、中国は石油と鉄鉱石の六割を輸入に頼っている。先に挙げた中国海洋石油、やはり国有企業である他の二社の石油会社はいずれも、アフリカや中南米、カナダの原油に依存している。鉄鉱石はオーストラリア頼みである。

中国がかつては輸出していたトウモロコシや大豆の輸入も、増え続けている。そして、あらゆる製造品を全世界に輸出しなければならない。中国の外洋艦隊がサイパンなどの北マリアナ諸島まで進出する力を持つようになったとしても、中国の資源の安定確保には役立たない。ロケットやミサイル艦がドイツの港に向かうコンテナ船の安全を保障できはしない。

ところで、今年の中国の経済成長率は八%割れになると予測されている。軍の首脳たちは、軍事費二桁増とはいかなくても、一桁増は認めてほしいと願うようになろう。そのためには、米国が中国に侵攻してくるのだといった毛沢東時代からの話に頼るしかない。米国はチベットを独立させようとして、チベット奪取十カ年計画をつくり、密かに実行に移しているのだといった話が必要なのだ。

そして、尖閣が利用できる。日本に「盗まれた」尖閣について、クリントン米国務長官が日本の前原誠司外相（当時）らに、尖閣は日米安全保障条約の適用範囲だと説き、パネッタ米国防長官も北京で次期最高指導者に内定している習近平・国家副主席に対し同じ主張をしている。やがて、われわれは日本、米国と戦わなければならなくなる、というシナリオが作れる。軍事費の二桁増は諦めるが、一桁増はどうしても認めてもらいたいと軍部首脳が党指導部に説くには、尖閣が不可欠なのだ。

さて、中国の成長率が七％、そしてそれ以下となったときに、なおも軍事費一桁増を許す社会環境となっているであろうか。中国の次期指導部が取り組まなければ、重大な問題となるであろう。

習氏が継ぐ腐敗の政経一致体制（二〇一二・一一・一六）

この三カ月、中国にかかわるニュースの中で、私が衝撃を受けたのは、尖閣諸島をめぐる日中間のごたごたでもなければ、十五日に党総書記となった習近平氏の在任が二期十年を全うできず一期五年で終わるかもしれないといった予測でもない。温家宝首相一族の膨大な蓄財を暴露した米紙ニューヨーク・タイムズの報道である。

中国研究者の端くれとして、温夫人がダイヤに執着し、それを大きなビジネスにしていること、温氏の母親が国内最大を誇る保険会社の大株主であること、一人息子の温雲松《おんうんしょう》氏が、昨日まで政治局常務委員だった呉邦国氏の女婿、そして、中央宣伝部長で今回、政治局常務委員入りした劉雲山《りゅううんざん》氏の息子ら「紅二代」と呼ばれる御曹司たちと組んで、株式市場で大儲けをしていることなどは、新聞や雑誌で読み、承知していた。

その私も、温家宝首相に必ず付く、「孤独な改革者」という枕詞《まくらことば》には何となく納得していた。

温首相は昨年七月、温州で起きた高速鉄道の事故の現場に駆けつけ、「背後に腐敗があれば、追及の手を緩めない」と断言した。今年四月には、党理論誌『求是』に腐敗こそが党最大のリスクだといった論文を載せた。重慶市トップだった薄熙来氏の断罪、失脚、党追放を予告する一文である。

同じ四月、地方中小業者の集まりでは、中国工商銀行を筆頭とする四つの国有銀行を批判し、あまりに儲けすぎて力を持ちすぎている、国有大銀行の独占を打破しなければならない、と説いた。

温首相は繰り返し、腐敗の根絶を説き、政治改革の必要性を強調してきた。富の分配についても語り、財産が一握りの人たちの手中にあるのは不公平だ、そんな社会は不安定だ、と語ってきた。

その温氏の一族による巨額の蓄財の、しかも、今回の中国共産党大会開幕直前の暴露である。三ページに及ぶ特集記事の一ページ目には、ふてぶてしさなどまったく感じさせない、いつもの表情の温氏の写真を中央に置き、周りに実母、実弟、長男、長女、妻の弟、そして妻の小さな顔写真を配し、彼らは「温家宝氏が指導的地位にいる間に、驚くほどに豊かになった」と記してあった。別のページでは、温氏を囲む一族の写真を再び載せて「温ファミリー・エンパイア」と題し、彼らの資産は総計二七億ドル（約二二〇〇億円）に上ると伝えていた。「一族のファミリービジネスで温氏の役割は明らかでない」と留保も付けてあった。

とはいっても、中国共産党が支配する世界は、他の国には存在しないものだ。かつて中国駐在特派員だったリチャード・マクレガー氏が、米国を例に取り、米国の全閣僚、各州の知事、主要都市の市長、ゼネラル・エレクトリックやウォルマートの経営者、ニューヨーク・タイムズ、ウォールストリート・ジャーナルの編集トップ、各テレビ局のトップ、主要大学の学長まで、中国では、これらすべてを共産党の中央組織が決めると説明したことがある。温首相の子息の一言に逆らう党幹部、役人、経済人は中国にはいないのである。

今党大会の前から、中国の報道機関は、胡―温の統治時代を「黄金の十年」と称《たた》えていたが、温氏の一族にとってこそ、本物の「黄金の十年」だったといえる。

さて、温氏の一族が大層な蓄財をしていたことがさらけ出される前のことである。温首相を口舌の徒だと批判し、「中国一の名優」だとからかう声まであった。が、それは正しくない。温氏の決意なしに薄氏追放はできなかった。それは小さな出来事ではない。薄氏と氏に自らのポストを譲る予定だった周永康氏の二人の「明日の中国」構想を打ち砕いたのだ。

政治局常務委員の周氏は中央政法委員会を一手に握っていた。裁判所、検察院から公安部、国家安全部までを監督し、地方各レベルの政法委員会は「安定の維持」を至上目標に据え、党・政府機関に抗議し裁判所に訴えようとする市民、農民の行動を阻止し、場合によっては「労働を通じて再教育する」といった名目で、裁判なしに彼らを牢獄送りにしてきた。

薄氏を追放し、政法委員会を掌握する政治局常務委員のポストをなくしてしまい、同委員会の力を削ごうとしたのは、十年任期の最後の年に温氏が断行した、「政治改革」の重大な布石だった。

そのことを恨んだ保守勢力が、温氏一族の蓄財の事実を米紙の記者に提供し、今回の党大会に出席した代表たちが語り合う絶好の話題にしてやろうとたくらんだという事情が、蓄財報道の裏にはあったとの見方がある。これをどのように批評したらいいのか、私には分からないが、それとは別の事実は語らねばならないだろう。

汚職と腐敗は少なからぬ国の風土病である。だが、政治と経済が密着した中国共産党の世界では、汚職と腐敗は一つの文化を織り成している。改革開放政策の副産物でもある莫大な負の遺産を、習総書記は引き継いだのである。

2　中国共産党の行動原理を読み解く

なぜ江沢民は反日キャンペーンに夢中なのか

宋美齢《そうびれい》が語った言葉を紹介することからはじめたい。

宋美齢はいうまでもなく、「宋家の三姉妹」の末の妹、蔣介石の未亡人である。健在だ。百歳を越す。昨年だったか、ロングアイランドの豪邸を売った。彼女自身はマンハッタンに住んでいる（二〇〇三年、一〇六歳で没）。

半世紀以上も昔のことになる。一九四四年の秋のことだ。そのとき彼女は重慶市黄山の総統官邸にいた。

彼女の夫がアメリカ人の記者たちに延安行きをはじめて許したあとのことだった。重慶に戻ってきたアメリカ人たちは延安の党幹部を褒め、共産軍の兵士を称賛し、重慶政府支配地域との違いの大きさを熱っぽく語りだした。

宋美齢はそうした話をまるっきり信じなかった。それでも直接聞いてみようと思いたち、彼女はアメリカ人の記者たちをお茶に招いた。かれらは中共党の指導者の誠実さ、理想主義、清潔さを褒めちぎった。彼女は大きなショックを受けた。そんな話は信じられないと言い、ベランダに行った。部屋に戻ってくるなり、彼女は言った。

「もし、あなたたちが共産党について聞かせてくれた話が本当だとすると、わたしには、それはかれらが真の権力をまだいちども経験していないからだとしか言いようがない」

このエピソードを紹介したのは、アメリカの歴史家、バーバラ・タックマンである。

「宋美齢はその生涯でもっとも悲しい言葉を吐いた」と彼女は記した。

タックマン女史は文革のさなかの一九七〇年にこのように書いたのだが、もう少しあとのことであれば、中共党の幹部の腐敗ぶりはかつての国民党の幹部顔負けのひどさであることを知るようになるのだから、彼女は宋美齢の見通しが最終的に正しかったことを称賛してつぎのように綴ったはずである。

「それは宋美齢の生涯のうちでもっとも人の肺腑を抉ることになる言葉だった」

これも半世紀前近い昔、第二次大戦が終わってすぐあとの日本のことになるが、人びとはエドガー・スノー、ニム・ウェールズ、アグネス・スメドレー、あるいはオーエン・ラティモアの著作を読み、陝西《せんせい》黄土台地に理想郷をつくりあげた中共党に憧憬の念を抱いたものだった。同じ人たちが今日の中共党を見るとき、立ち戻ることのできない青春の夢がまたひとつ潰えたのだと思い、なぜこんなことになってしまったのかと考え込むこともあるにちがいない。

鄧小平の取り引きにはじまったと私は思っている。

だれもが知るように、鄧は毛沢東がやってきたことをすべて綺麗さっぱり捨ててしまった。

鄧の「改革・開放」がはじまってからも、すでに二十年がたつから、かれがなにを捨ててしまったか、即座に思いだすことができない人もいるかもしれない。

幸いなことに、毛沢東思想を信奉し、毛沢東路線を継承している村が中国にいまなおある。この村を見れば、中国からなくなってしまったもの、私たちが忘れてしまったものを思いださせてくれる。

この村は河南省の鄭州市の南にある。南街という村だ。

この村を訪ねた人がまず驚くのは、広場にある巨大な毛沢東の石像だ。台座には「人民のために服務せよ」と毛沢東の字が刻まれている。中国全土にあれだけあった毛の像はいずれも撤去してしまったにもかかわらず、この村では、わざわざ一九九三年に新たに建造した。

今年（一九九九年）の新の正月、この村で結婚式がおこなわれた。三五組の男女が公会堂に集まった。かれらは「東方紅」を歌い、毛沢東の肖像画に頭を下げた。村役場からの贈りものは紅い小冊子「毛語録」だった。

この村では民兵も健在である。公会堂に近い一角では、一五〇人ほどの十代の男女が軍事教練をしている。

この村の朝は、スピーカーからの「偉大なる舵取り、毛主席」の歌ではじまる。文革時代に流行った歌だ。共産党の宣伝と作業命令を伝えたスピーカーも、現在はあらかたの町や村から消えてしまった。

村の小学生が暗記させられるのは、これまた懐かしい「老三編」である。「ベチューンを記念する」「愚公山を移す」「人民に奉仕する」の三つの文章であり、文革中には、子供も、大人も学ばされたものだ。南街では、どこの家にも、毛沢東のこれらの著作が並べられ、かれの写真が飾られている。

さて、現在はどこの村でも、農業は請負い制だ。各農家に耕地を分けてしまっている。ところが、南街には生産隊があり、集団で農業をしている。南街にはいくつもの企業があるが、これも村が所有し、村の経営である。

南街の住民の私有財産は衣類と自転車、台所用品しか認められていない。画一の3LDKのアパートに住み、画一の家具、カーテン、テレビ、電話が供給されている。小学校の教育費と医療費は無料だ。結婚、葬式の費用も村の負担だ。小麦粉もただで配給される。水も、電気もただだ。ビールも、映画の切符も村から配られる。余暇には「紅灯記」や「白毛女」といった「革命模範劇」を村内の演芸隊が上演する。

真面目に働かない者、自由気儘に振る舞う者、私利を図った者には、これらの権利が与えられない。だれも一カ月に二五〇元以上を稼ぐことは許されないし、娘たちはアイシャドーをつけたり、髪を染めたりすることは許されない。

村民にたいしては、十点制の審査がある。その昔の運動を思いだす。正しい政治思想を持つことにはじまり、生産のノルマを果たすまでの「五好」運動だ。当然ながら自己批判もしなければならない。全員が集まっての反省会で、成績の悪い者は自己批判をさせられる。悪質な者は黄色いチョッキを着せられ、建設現場で働かされている。

道路にはごみが落ちていない。むろんのこと、夜総会《ナイトクラブ》やディスコ、カラオケ・バーはない。この村の支配者である党書記は、村には売春婦がいない、ニワトリ一羽盗まれたことがないと胸を張る。

現在、この南街村でおこなわれているすべてのものを、鄧小平は放りだしてしまった。どうしてそれができたのかを語らねばならないのだが、さらに寄り道をして、南街村についてもう少し述べておきたい。

じつは毛沢東思想を学習、実践している、この南街村は周囲の村から羨ましがられる金持ち村なのだ。中国内陸部といえば貧しいの同義語となっているが、南街村は貧しい河南省でトップの富裕村である。

村の人びとが集団制を守り、私を捨てて、公に尽くしての繁栄なら、文革中の「ヤラセ」の大寨村《だいさいそん》ではなく、これこそホンモノの毛亡きあとの大寨村であろう。

もちろん、麦作に頼るだけでは、河南第一の村にはなれない。企業意欲に燃える、この村の党書記がはじめたインスタントラーメンの生産が当たりに当たり、全国に売れ、二十四時間三交代制で操業しているからなのである。ビール、カラープリント、包装材料をつくる二十幾つもある村営工場もそれなりに利益をあげて、この村の繁栄につながっている。

そこで、どうやって儲けるのかを知ろうとする中国全土の町や村の幹部が、長距離バスでやってきて、迎賓館に泊まり、村内を見て歩く。

日本の記者もここまでは紹介しているが、この人たちが書き忘れた肝心なことがある。この毛思想のテーマパークを支えているのは、南街村の工場に働きに来ている周辺の貧しい農村からの人たちだということだ。一万五〇〇〇人以上にものぼる。大変な人数だ。南街の住民は大人も子供も合わせて三〇〇〇人しかいない。

自転車を走らせ、まだ暗いうちに二時間以上もかけて、働きに来る若い女性たちは南街村に住みたいと願う。ところが、南街村はかれらを村内に住まわせない。

居住権を与えるかどうかは、六年間の労働契約を履行したあと、道徳的清潔さと社会主義の原則への献身ぶりを精査してからということになっている。

ところで、よその村から働きに来ている青年が南街村の娘と仲良くなり、結婚したらどうなるか。その女性は自動的に南街村の居住権を失う。こんな訳で、この村の外から働きに来る娘たちは、南街村の男と結婚しないかぎり、南街に住むことはできないのである。

南街村の毛沢東思想の実践とその繁栄は、周りの村々の貧しい娘たちを低賃金で働かせ、村民が受け取るサービスを与えないことによって、成立しているのだ。

だいぶ脇道にそれてしまったが、鄧小平の取り引きの話に戻ろう。

昨年の三月、北京で『交鋒《チアオフォン》』という本が出版されて、ベストセラーになり、日本の新聞にも取り上げられたことがある。この二十年間の改革派と保守派の路線の争いを明らかにした本だ。「交鋒」とは戦いということだ。だが、実際には、戦いらしい戦いがあったわけではない。戦いがなくて当然だった。鄧をはじめ、あらかたの幹部たちは毛沢東を憎んでいた。かれらを追放したのは毛だったのだし、中国を二十年の混乱と停滞に追い込んだのも、ほかならぬ毛であった。だから、毛の死のあと、鄧はほかの元老や将軍、党書記たちと組み、毛沢東の「決定」と「指示」はすべて正しいとする「二つのすべて」を説く毛の後継者を、簡単に政権から追いだしてしまったのである。

だが、社会主義路線のすべてを捨て去ろうとすれば、鄧に協力した人たちはかれに背を向けたはずだ。元老、将軍、中央の党幹部、地方の党書記、工業管理者たちの支持を得ることはとてもできなかったにちがいない。

東欧とソ連の社会主義が崩壊するのは、まだ十年先だということを忘れてはいけない。だれもが自分たちの半生を捧げた社会主義を守ろうとして、「中国の社会主義事業は存亡の瀬戸際にある」と叫び、鄧と「交鋒」しようとしたはずだ。鄧がテレビと新聞を押さえ、政治警察を支配していたとしても、反対派の人びとは党内民主主義を叫び、党の中央委員会総会で決着をつけようとしたにちがいない。

ところが、「中国の命運にかかわる闘争」はついに起きることなく、それどころか、鄧はわけなく中国の社会主義を叩き壊してしまうことになった。

どうしてそんなことができたのか。

さきほど触れたように、かれは取り引きをした。地方と中央、軍の幹部、元老たちに、三十年前に宋美齢が語ったところの「真の権力」を与えてしまったのである。

小さな職権濫用に満足するだけだった元老、党幹部、高級軍人たちが、公有制を葬ること、市場経済、外国資本の導入、株式制度を認めることと引き換えに手にした「真の権力」をどのように利用したかについては、だれもがよく知ることだから、ここでは述べない。ひとつだけ挙げておこう。すべての役職が利益に繋がるようになり、県長、区長、郷長の椅子から、局長、係長のポストまでが、カネで売買されることになってしまっている。

もうひとつ大事なことがある。公有制が残るもっとも強大な領域、一億数千万人の労働者を抱える国有企業は、あらゆる面で改革を必要としていた。だが、鄧は手をつけることをせず、毛時代の経済の礎石であったこれら巨大な機構を監督、支配する党幹部と工業管理者との「交鋒」を避けたことだ。

そこで「中国が社会主義の道を歩むか否かの闘争」はついに起こることなく、鄧にたいする批判と非難はウルトラ保守派の荒野の叫びで終わったのである。

鄧小平の後を継いだ江沢民のことになる。

鄧小平は毛沢東がやってきたことを綺麗さっぱり捨ててしまったと前に述べた通りだが、江は鄧が党幹部に与えてしまった「真の権力」を取り戻さなければならないと考えているはずである。清潔な党にしなければ、党の専制をこの先つづけていくことができない、やがて「大乱」が起きるかもしれないと江は恐れていることは間違いない。

そしてもうひとつ、ずるずると資金を投じてきた国有企業の徹底的な改革をおこなわなければ、やがて中国経済は破綻するとかれは恐れているはずだ。

だが、揺りかごから墓場までの面倒をみる「単位」制度があって、国有企業にたいする党の支配は揺るぎがなかった。農業の公有制を廃止して、余剰の農民が都市に溢れでた。国有企業の公有制を放棄し、株式会社にして、余剰人員を解雇してしまって、かれらをどこに吸収できるのだろう。ポーランドの共産政権を打倒した連帯運動をつくることになってしまわないか。

国営企業に大鉈《なた》を振り上げる江沢民の手は震え、振り下ろすことができないのではないか。では、党内をしっかり粛清できるか。中央と地方の党役員と政府官吏の支持を確保しなければならず、かれらから「真の権力」を取り上げる腕も鈍ることになる。

党の力を弱めることなく、党のもとに国民の団結を維持する方法があるなら、是非ともしなければならない。

ひとつある。大衆路線である。大衆運動といったほうが分かりやすいだろう。大多数の人たちを団結させるために、憎しみを喚起し、大衆の心を沸き立たせる敵をつくりあげる。全体の五％の敵をつくり、九五％の人たちを団結させるのが大衆運動の要訣である。

かつての「地主」や「富農」を指弾できる敵に仕立てあげ、「反革命分子」「破壊分子」とするのがこれまでのしきたりだった。ところが、集団農業を個人農業に戻してしまい、私営企業や郷鎮企業が中国経済の牽引力となってしまって、半世紀昔の「地主」や「富農」を糾弾することなどできるはずもなかった。ましてや、外国企業が支払う土地のリース代の一部を自分の財産にしてしまう政府や党の幹部、その子弟たちがいて、「地主」や「富農」の攻撃もないものだった。「地主」や「富農」の利用をとっくに諦め、身上書、個人資料から出身階級を削ってしまっている。

大衆運動はどのようにおこなうか。愛国主義だ。もちろん、敵は必要だ。「地主」や「富農」に代わるのは日本だ。日本の残虐さを取り上げる。じつはとっくにはじめている。四年前の一九九四年に「愛国主義教育実施要綱」を制定した。翌一九九五年は「抗日戦争勝利五十周年」だった。

八月にやっただけではない。一年中、反日キャンペーンをつづけた。その昔、「三面紅旗」「文化大革命」「批林批孔」といった大衆運動の展開を自慢するのに「轟々烈々」と言ったものだが、まさに「轟々烈々」の反日キャンペーンだった。

さて、昨年十一月に江沢民が日本に来た。

多くの日本人はかれが日本にたいする非難を繰り返すのを不愉快に思った。今世紀はじめに活躍したフランスの外交官がつぎのように述べた言葉は、あらかたの日本人の思うところだったにちがいない。「外交においては、自分が正しいというだけでは不十分であり、相手に快く思われるということもまた大切である」

もちろん、江沢民がこんなことを知らないはずがなかった。アメリカを訪問したときには、かれは横にアメリカ人がいて、時間の余裕さえあれば、相手に顔をくっつけ、私は『大草原の小さな家』が好きだと言い、ローラ・インガルスが大好きだとつづけ、ローラは中国にもいますよと語り、精一杯笑ってみせたのである。

相手に快く思われようとする、そのような努力と比べれば、強面《こわもて》で日本を非難するのは、かれにとっても随分とやりにくいことだったにちがいない。宮中晩餐会で日本を非難したとき、かれは極度に緊張し、ぎこちない棒読みで、猛烈な速さで草稿を読み上げたのである。

そのような、無理な振る舞いはなにが理由であろう。これまでよりも、さらに強烈な反日キャンペーンをこの先に開始するための大切な布石なのであろう。


ところで、そのようなキャンペーンをおこなうためには、台湾にたいする恫喝がまず必要となり、この脅威に対抗して、アメリカの武力プレゼンスとなり、一九九六年のミサイル騒ぎのときと同じ筋道をたどることになる。だが、シナリオを大きく変える箇所があるのだろう。三年前には江は慌てふためいたのだが、つぎの機会には、中国の内政問題に介入する軍国主義日本を糾弾するといった「轟々烈々」の反日キャンペーンに切り換えるつもりではないのか。

だが、こうしてはじめる反日キャンペーンによって、金融機関を含めての国有企業改革の手を抜き、党から「真の権力」を取り上げることをさぼっても、党の専制を守ることができるのだろうか。

肝心なことがある。これまた、江沢民が百も承知のことであるはずだが、周囲の農村と絶縁して、南街村の繁栄がありえないように、台湾、日本、アメリカと敵対して、中国の繁栄は望めないということだ。中国の経済・国民利益にとって、台湾と日本とアメリカの三国に代わる国、経済圏、大陸はどこにもない。

（草思、一九九九・五月号）

つねに「敵」を必要としてきた国

日本のマス・メディアが見て見ぬふりをし、取り上げないようにしてきた問題がある。韓国と中国の二つの政府がそれぞれの国民におこなってきた反日教育の問題である。

韓国が国の基本路線として、反日教育をおこない、日本にたいする敵愾心《てきがい》と対抗意識をバネに国の発展を意図してきたこと、中国がつづいて同じような意図から、これまた国の基本政策として、反日教育をとってきていることだ。

韓国政府がおこなっている反日教育はだれもが語らないわけではない。だが、中国政府がおこなっていることは、だれも取り上げようとしない。取り上げれば、相手の反発を招くだけだ、こういうことは取り上げないのが良識というものだと言うのであろう。

新聞は「歴史を重視する中国青年」といった見出しをつけるだけであり、「『顔見える』対中円借款へ」と愚痴をこぼすだけなのである。こうした記事や解説はだれもが承知していることだから、ここではこれ以上語らない。

ここで説かねばならないのは、マス・メディアが言わないこと、中国の統治システムが「敵」

を必要としてきたことである。

日本が現在の中国政府とどのような関係を育てていくことができるのかを見極めるためには、どうして江沢民の中国が反日政策を中心的な戦略にしたのかを知ることが必要である。

二年前のことになる。一九九七年の二月に鄧小平が死去した。そのすぐあとに刊行された『文藝春秋』に佐伯彰一が鄧の思い出を載せている。

四半世紀近い昔、一九七五年三月のことだった。茅誠司、石川淳、永井龍男、中根千枝、曽野綾子といった学者と文学者が中国を訪ねた。政府が派遣した使節団であり、吉川幸次郎が団長だった。かれらは北京の人民大会堂で鄧小平と会見した。

佐伯彰一は、鄧小平が自分たちに「格別の興味も関心もなかったに違いない」と記した。その通りだった。鄧小平が佐伯彰一らに会ったのは、自分が完全に復活していることを国外に知らせようとしてのことだった。文革のはじめに追放されていたかれは、一九七三年四月、七年ぶりに復活した。難しい情勢を処理する力を買われ、佐伯彰一たちがかれに会う二カ月前に、党副主席、軍の総参謀長を兼任するようになっていた。

鄧副主席に向かって、いく人かの挨拶がつづいたあと、内村直也が語りはじめた。

佐伯彰一はつぎのように記している。

当時まだ「文革」の雰囲気濃厚な中国で、盛んに上演されていたのが、「革命劇」、いかにもアジプロ演劇というか、革命賛美一点ばりのなんとも頂けない代物を、われらのグループも両三度は見せられたのを覚えている。そこで、内村さんもまさかあんな芝居に空々しいお世辞はおっしゃるまいとは思いながらも、懸念三、四分で耳傾けていると、さすがに内村さん、物柔らかな口調ながら、ズバリと核心をつかれたのだ。

「この間から、何度か劇場にご案内頂いて、『革命劇』を見せてもらいました。若々しく力強い芝居とも思ったのですが、ただあそこに出てくる日本兵のイメージが、いかにもひどく、情ない。始めのうち、無闇と威張りちらしていて、形勢が悪くなると忽ち態度が一変、ペコペコしてお辞儀ばかりやり出す。たしかにああいう日本兵もいたかもしれませんが、こうした日本人の悪いイメージが、若い世代の中国人の心に定着してゆくのは、いかにも情なく困った話だと思う。長い目で見た日中友好のために、ああした『革命劇』の上演は、何とか考えて頂けないでしょうか」

さすがに、この内村発言に、満座シーンと静まり返ったような気さえしたものだ。「内村さん、よくぞはっきりと言い切って下さった」と感心しながらも、後の成り行きに固唾《かたず》をのむ思いだった。

鄧小平の返事を通訳が語った。この問題は簡単には片づかない、長い眼で見て、いずれ善処したい。

ところが、ホテルの部屋に戻って、日本側の通訳が駆け寄ってきて、言った。「いやぁ、鄧先生の発言はすごかった。『あんな革命劇みたいなくだらん芝居、そもそもやらんほうがよかったのだ』と言うんだから」

だれもがびっくりした。「沙家浜」「紅灯記」「智取威虎山」といった「革命模範劇」の大スポンサーが江青女史であることは皆が知っていた。

こんな不穏なことを言って、彼女の耳に入りはしないか。不用意な発言というより、これは挑戦ではないか。なんという肝っ玉じいさんだろうと佐伯は思ったのだった。

つけ加えるなら、復帰した鄧小平にたいする江青グループの非難攻撃はその年の夏にはじまった。翌一九七六年一月に、かれは姿を消し、四月には一切の職務を奪われた。かれが復活できたのは、毛沢東がその年の九月に死に、翌月に江青が失脚してのことである。

肝心な話に戻ろう。一九七五年三月、鄧は内村に向かって、「内村先生、あなたは歴史認識が不足しているようですな。過去を直視し、歴史を正しく認識することが中国と日本の関係を正しく発展させる重要な基礎となりますぞ」とは言わなかった。

佐伯彰一が鄧小平の死を知り、二十二年前の内村直也の提言と鄧の返答を思いだしたのであれば、あの堂々とした体軀の内村もすでにこの世にいないのだと思い、もうひとつ思いだすことがあって、大きく嘆息したにちがいなかった。

その三日前の新聞に、中国人青年一万五〇〇〇人が「日本と聞いて連想するものは」との問いに、その八三%が「南京大虐殺」だと答えたという記事が載っていた。

佐伯彰一らが中国を訪問したとき、「歴史認識」を迫る者はいなかったのはもちろん、「南京大虐殺」を口にする者もいなかった。そのときに毛沢東は健在であり、かれは主敵を日本にしようなどとは思っていなかった。中国の主敵は日本ではなく、ソ連だった。

ソ連を敵と定めたのは毛、その人だった。

毛とソ連指導者とのあいだには、長い、隠微な確執があったことを、最初に話さなければならないだろう。

毛沢東は延安にいた十年のあいだに、自分と主導権を争う恐れのある政敵をすべて追放した。これら政敵はモスクワにいたことがあり、クレムリンの信任があった。

そこで毛はスターリンが異端の自分を打倒するために権謀術数を用いるのではないかと警戒し、自分を追い落とすためにそっと陰謀をめぐらしているのではないかと危惧の念を抱いていた。もちろん、ソ連を敵にするどころではなかった。一九四九年にかれがアメリカを主敵としたのは、かれの新中国がアメリカを警戒していたからでは決してなく、かれがスターリンを恐れていたからであった。

一九五三年三月のスターリンの死は、毛沢東を安眠させることにはならなかった。それどころか、かれの不安を大きくさせることになった。一九五六年のフルシチョフの秘密演説が原因だった。

偉大な神と仰がれていた指導者が死んでからわずか三年あと、あの狂人は人殺しだった、党の敵、国民の敵だったと罵倒されたと知って、中国の指導者である毛沢東が愉快なはずはなかった。そしてかれは自分が指揮した大躍進運動が一五〇〇万人を餓死させるという悲劇に終わったあと、自分の没後、この北京にフルシチョフが登場するのではないかと恐れるようになった。

こうして中国の敵はソ連となった。毛の部下たちは自分が裏切り者ではないことを主人に見せようとして、競って、ソ連の指導者に喧嘩を売るようになった。その先頭に立ったのが鄧小平だった。ソ連の指導者を相手にして一歩もひかず、「反修正主義」のチャンピオン、中ソ論争の立役者と称賛され、毛の後継者はかれかもしれないと思われることになった。

一九六四年のフルシチョフの失脚も、毛を安心させなかった。お国と争い、共産世界を分裂させた張本人、ゴマスリを周りに集め、個人崇拝を推進した夢想家をやっと片づけた、つぎはあなた方がわれわれと同じことをやる番だとクレムリンの新しい首脳が自分の部下に語ったと知って、毛沢東はさらにクレムリンに猜疑心《さいぎ》を強めることになった。「ソ連社会帝国主義」を「アメリカ帝国主義」と並ぶ敵としたのである。

一九七一年に毛沢東が意図したアメリカへの接近、それと絡む林彪《りんぴょう》の死については、これがどういうことだったのかは、いまだに明らかにされていないし、これはといった分析もない。

私の推測を述べておこう。大躍進、そして文化大革命にも失敗し、これを収拾することができなかった毛のますますつのる恐れは、自分の死後、自分の墓を暴く者はソ連の教唆を受けてのことになるにちがいないということであり、アメリカと接近することがそれを阻止するただひとつの道だとかれが考えてのことではなかったのか。

そして一九七六年にかれは没した。鄧小平が新たな指導者となった。毛沢東思想を継ごうとする者はいなくなったのだから、ソ連を主敵とする必要もなくなったはずだった。だが、一九七八年の日本が中国と結んだ平和友好条約締結の交渉を思い出せば分かる通り、鄧小平の中国もソ連を主敵とする姿勢を変えなかった。

昨年は、「謝罪」を求めつづけられることになった日本だが、それより二十年前の一九七八年には、ソ連を主敵とする「反覇権条項」を加えよと中国側に無理押しされたのである。

鄧小平のそのときの考えは、一九四九年の毛とまったく同じだった。毛はソ連に二心がないところをみせようとして、アメリカを主敵としてみせた。一九七八年には、鄧はアメリカの信頼をかち得ようとして、ソ連を敵としてみせたのだった。「四つの近代化」を唱えた鄧は、アメリカと日本の助力を得ようとして、「覇権主義」のソ連は中国の主敵だとアメリカにみせつけることが、アメリカに接近する一番の近道と考えたのである。

そんなわけだったから、鄧はそのさき二年、三年とソ連を敵にしつづけるつもりは毛のさきほどもなかった。国内の敵、「四人組」を糾弾したが、実際には鄧小平はそのとき国内の敵も不要であり、いかなる大衆運動をおこなう必要もなかった。

村の各戸に土地を分配することを許して、土地改革の昔に戻したから、農民はだれもがこれ以上の満足はなかった。個人のカネ儲けを許したから、人びとは自分の欲望を押し隠す不正直な態度をとる必要がなくなった。文革の犠牲者だった党役員と文官、軍人の名誉を回復し、補償金を与え、元のポストに戻してやったから、かれらは我が世の春だった。黒竜江省や内モンゴル、山西省に送られていた紅衛兵にたいしては、生まれ故郷の都市に戻ることを許し、大学受験も復活させたから、本人も、親も大喜びだった。

だが、だれもが機嫌がいいままでいるのは、向こう数年のあいだにすぎないことを、鄧小平は知っていたのであろう。そしてもうひとつ、事実上、社会主義を捨ててしまって、資本主義に対する社会主義の優越性を誇ることができなくなり、資本主義に対する社会主義の戦いをつづけるのだと大義のための献身を説くこともできなくなって、どうやって党は国民を指導し、党の専制をつづけていくことができるのかという大きな不安があった。

そこで鄧小平が考えたこと、かれがなにをやったかは、あとで見ることにしよう。

ところで、かれの恐れていた通りのことが起きた。一九八九年、国民の不平不満を代弁する学生たちの天安門広場のデモとなった。鄧と強硬派は武力弾圧をした。そのさなか、党総書記の椅子に引き上げられた江沢民は強硬路線に従うことになった。

そのあとに江とかれの後見人の鄧を脅かすことになったのは、東欧諸国のすべての共産党政権が倒れてしまったことだった。そして一九九一年、ソ連がアメリカと戦火を交えることなしに、それこそ一九四五年のドイツと日本の敗北を上回る一方的な敗北を喫してしまったことは、鄧と江を震えあがらせた。

アメリカを主敵とするか、しないかの検討がおこなわれたはずだ。党の権威、国民の団結をどのように確保するかの論議もおこなわれたにちがいなかった。

鄧小平が没したのは、最初に述べた通り、一九九七年だが、それより前の一九九四年には、パーキンソン病の進行から完全に力を失い、江沢民は文字通りの最高指導者となった。かれがやってきたことは、鄧小平が毛沢東思想を捨ててから、やったこと、天安門事件、そしてソ連の崩壊に直面したあとに、やったことの踏襲だった。

なにをしてきたのか。一九六〇年代前半におこなった運動である。麻痺してしまい、崩れかかっていた政治、経済システムの基盤をどうにかして立て直し、活性化しようとして、党が全力を挙げておこなった運動、この運動をモデルにしたのである。

はじめから振り返ってみよう。

一九四〇年代の後半、共産党は華北、東北の村々で、「貧・雇農、小作人」を団結させ、「地主・富農・高利貸し」への「積怨」を晴らさせた。地主がどれだけ詫びたところで、謝罪してそれがどうしたということで、殺させてしまい、「膏脂《こうし》」と呼んだかれらの全財産、土地から衣類までを貧農たちに分かち与えた。

そこで国民政府の軍隊が攻め入ってくれば、村の人たちは共産軍の保護を求めざるをえなくなり、共産軍に協力することになった。こうして、農村をもって都市を包囲する共産党の大戦略は成功したのである。

政権を握った毛沢東は、それらの村々の農家の協同化を試みた。わずか四年のあいだに、合作社をつくるのにはじまって、人民公社をつくることまでをやった。急ぎすぎると抵抗する部下たちを、纏足《てんそく》をした婦人のようによちよちしていると毛は叱責した。

その大躍進運動が無残な失敗に終わったあとにおこなわれた運動は、これも毛の運動であったが、そうと言うよりは、中共党がひとつのチームとしておこなった運動だった。

前に触れた通り、大躍進運動では一五〇〇万人が飢餓が原因で死亡した。人びとの士気は底まで落ち、村の党書記も、農民たちもすべて投げやりとなり、かれらの関係はゆがみ、すさんだものとなった。そのとき中共党の首脳がなによりも危険だと思ったのは、農村出身者が多数を占める軍隊に動揺がひろがっていることだった。

一九六一年から徹底した教育運動を軍隊内でおこなうことになった。「苦しい時代」を思いださせる教育だった。「階級苦」と「民族苦」の二つである。旧時代の搾取と圧迫を教え、旧社会の苦しみと現在の幸福を教え込む。そして「階級の敵」にたいする敵愾心を持たせる。帝国主義、とりわけアメリカ帝国主義の中国侵略の歴史を教える。こういった教育だった。

通り一遍の講義をしたのではない。一人一人に苦しみを思い出させた。兵士は若いから、思いだすような苦しみを持っていないというのは誤った思想だと叱った。「苦難想起のモデル」を見つけ出し、養成することもおこなった。これが調査段階だ。

つぎは動員である。士官と兵士に地主に搾取された苦しさを思い起こさせ、その根本を探らせ、階級的敵愾心を煽りたて、階級的自覚を高め、帝国主義に対する恨みの気持ちを起こさせ、戦闘意欲を奮い立たせるようにと指図した。

苦難の想起をしっかりとやっていない中隊があったら、階級的搾取を受け、階級的圧迫を受けた苦難を話し、思いださせ、現在のどんな困難でも、昔の苦難に比べればとるに足らないと教えるようにと指導した。

だれもがかつての苦難を想起できるようになり、素晴らしい「苦難想起モデル」もできあがったら、いよいよ苦難想起大会だ。つぎのような指示がでた。その日の部隊の給食は特別メニューにする。それぞれの隊の練習を積んだモデルを登場させる。だれもが沈痛な気持ちでいなければならず、場内は厳粛な雰囲気としなければならない。

こうして兵士たちは、党の英明な指導があってこそ、今日の中国があるのだと信じるようになった。

だが、つぎのことはつけ加えておいてもいいだろう。党の幹部はこの運動が決して万能ではないことを承知していた。兵士たちの故郷の家庭で多くの「異常死亡者」が出ている部隊では、この苦難想起の運動を後回しにして、それまでの人民公社の規定を大きく変えたこと、その前年の一九六〇年十一月の「十二条緊急指示」を繰り返し説明させるようにと命じていた。

そして、この運動は、兵営だけでなく、農村で、都市で展開され、毛沢東の文化大革命がはじまるまで、ずっとおこなわれた。

一九八〇年代に入って、ソ連を主敵とするのをやめ、鄧小平がやろうと考えたのは、この苦難を想起する運動だった。新たに敵をつくり、これを触媒にして、政治・社会の凝集力とする。いまさら地主でもあるまい、「階級苦」は不要だ。「民族苦」だけでいい。敵はアメリカではなく、日本にしようと決めたのは鄧だったのであろう。

ソ連の解体に直面して、鄧小平が思案をめぐらし、やると決めたこと、さらに鄧小平の庇護がなくなった江沢民がしてきたことも、まったく同じである。

日本を敵とする「民族苦」を教え込みながら、日本の「軍国主義復活」非難を叫び立て、国民をひとつに団結させ、党の独裁と専制政府を維持していくといった政策である。

一九九四年八月に、党は「愛国主義教育実施要綱」をつくった。幼稚園から大学まで、国語と歴史の授業で愛国主義を指導すると定めた。それは江沢民が独り立ちして最初に定めた重要政策だったのであろう。

そのあと、かれがやってきたこと、日本のマス・メディアがこれに目をつぶるか、及び腰で、曖昧な報道、解説をしてきたことについては、最初に語ったとおりでここでは述べない。

残念ながら、江沢民はこの先も反日政策を捨て去ることができないであろう。遅かれ早かれ、江沢民は、鄧小平が手をつけることができなかった国営企業の整理、淘汰を本格的にやらねばならなくなる。

共産党は進歩的階級である労働者階級の代表者だという党存立の最後の拠り所も失うことに

なってしまって、江沢民にできるのは、党を救うためにおこなった一九六〇年代はじめの「民族苦」の教育運動をつづけることしかあるまい。それとも、かれは戒厳令に頼ることになるのであろうか。

（草思、一九九九・六月号）

老人大国・資源小国の中国は？

今年、二〇〇四年のはじめ、中国の政策決定者は明日を見つめ、どのように考え、なにをしなければいけない、なにをやってはいけないと思っているのであろう。

中国の首脳陣、北京中南海の九人の中共党中央政治局常務委員が抱く悩みや不安、かれらがやろうとすることを想像するのは、現在、それほど難しいことではない。

毛沢東の中国はまったく違った。毛沢東の時代には、明日なにが起きるか、だれにも想像ができなかった。しかもすべては秘密に包まれ、中国内で起きていることは、ずっとあとにならなければ、外の人びとにはなにも分からなかった。

毛沢東が独断専行した人民公社と大躍進を、それより半年前、一カ月前に想像できた人はいなかった。その大冒険が二〇〇〇万人から四〇〇〇万人を餓死させてしまったことも、外部の人はまったく知らなかったし、その後始末を劉少奇《りゅうしょうき》がしたことが毛の恥辱の感情と怒りを生み、劉の無惨な死にいたるといったことも、想像できた人はいなかった。林彪の死、アメリカへの接近もまた、外部の人たちの予測を超えた。

鄧小平は一九七九年に実権を握った。かれは香港、東南アジアの華人の中国投資を望んだ。もうひとつ、かれが期待したのは南海油田の開発だった。それが北海油田、カスピ海油田となるのかどうか、中国が第二のサウジアラビアとなって、鄧がどういう国をつくるつもりなのか、外部の人たちにはそのとき分からなかった。ほんとうのことを言えば、鄧自身も分かっていなかったのである。

だが、現在の中国の政策決定者が明日すること、明後日しなければならないことは、おおよその見当がつく。

石油を抱えた超大国になりそこねた中国は、輸出指向の工業化政策を採らざるをえなくなった。それに協力したアメリカ、日本、台湾の三国が、中国を国際システムの枠組みのなかで行動せざるをえない国にしてしまった。アメリカ、日本、台湾はなにをしてきたのかひとつずつ挙げよう。アメリカは中国の輸出品の最大の購入国だ。中国はアメリカを相手に毎年一〇〇〇億ドルの黒字を稼ぎだす。台湾は中国への最大の投資国だ。その総額は一〇〇〇億ドルに達する。日本は中国へのインフラ援助国だ。無償有償の政府開発援助は三兆円を超す。公的資金による融資を合わせれば六兆円に上る。中国はこの国際的平和と繁栄から利益を得て、「世界の工場」となったのである。

さて、中国は一三億に近い人口を抱えて、その国民総生産は日本より少々多い三兆ドルに達し、農産物と工業製品の世界一の生産量を占めるものが一〇〇を超すようになっている。中国はまさしくアメリカと並ぶ超大国といってよいのであろう。

だからといって、中国はアメリカと似ているということはできない。

二〇二〇年代前半には、中国の六十五歳以上の老齢者の数はそのときのアメリカの総人口よりも多くなる。二十年さきも若年人口が増えつづけるであろうアメリカと中国はまったく似ていない。

中国が似ている国を探すとなれば、日本となるであろう。

どこが日本と似ているのか。

第一に中国は日本と同じように急速に高齢社会になろうとしている。

第二に中国は「世界の工場」となってしまったがために、日本と同じように資源小国となってしまっている。

向こう二十年足らずのあいだに中国は老人超大国となってしまう。

六十五歳以上の人口が、全人口の七%を超えたら高齢化社会と定義されている。全人口の一四%を超えると、高齢化の「化」がとれて、高齢社会と呼ぶことになる。

一九七〇年に、日本の六十五歳以上の人口は、全人口の七%を超え、一九九四年に一四%を超えた。高齢化社会から高齢社会になったのである。

中国ではどうか。現在、七%である。二〇二〇年前後には中国全土で一四%になり、高齢社会になると予測されている。スウェーデンは八十五年かけて七％から一四％までになった。日本は二十五年かかった。中国はこのさき十六年から十七年のあいだに高齢社会になるのだと中国学者の小島麗逸氏は説く。

中国が老人超大国となってしまうことにわれわれはある感慨を覚えよう。もうひとつ、中国は日本と同様に資源小国となってしまっていることにわれわれはまたべつの感慨を抱くことになる。

中共党が政権を握って以来、中国の経済建設は自給自足を原則とし、戦時体制をとり、つねに戦争にたいする警戒と準備が指導者の頭のなかにあった。

一九九〇年代に中国の指導部にいた人びとは、建国直後の一九五〇年代、いずれも東北で働いた。日本が建設した製鋼所を中心とする重工業設備が残っていた東北は中国のダイナモとなった。

江沢民は長春の第一汽車製造廠の技師を六年つづけた。李鵬《りほう》は東北電業管理局の幹部、つづいては遼寧阜新《ふしん》にある火力発電所の所長だった。朱鎔基《しゅようき》は東北工業部計画処の副主任だった。

そのときソ連は中国の同盟国だった。江も、李も、朱も、ウラルのスヴェルドロフスクやチェリヤビンスク、マグニトゴルスクといったソ連が誇る重工業地帯を思い浮かべ、東北を中国のウラルにしなければならないと考え、資本主義との戦いに備えねばならないと思っていたのである。

江や李、朱のあとを継いだ現在の指導者はどうであったか。国家主席の胡錦濤は清華大学水利工程学部をでて、最初の任地は甘粛省の水力発電所の技師だった。総理の温家宝は北京の地質学院を卒業して、最初の赴任先はこれまた甘粛省だった。地質調査をおこなった。副総理の呉儀《ごぎ》は北京石油学院卒業のあと、これまた甘粛省の精油工場で働いた。

いずれも一九六〇年代後半のことであり、これら新卒の年若い男女は毛沢東が唱えた「三線建設」に動員されたのだった。すでにそのときソ連は敵だった。ソ連、アメリカを相手とする戦争に備えて、内陸部に発電所、製鉄所、兵器工場を移転、建設するというのが毛の計画だった。胡錦濤、温家宝、呉儀は「山に行き、分散し、洞窟に入る」という重工業建設の先兵だったのである。

それから三十数年あと、東北の重工業地帯は失業者があふれ、いつ騒乱が起きても不思議ではないような状態になってしまい、内陸部の重工業建設はあらかたが見捨てられてしまった。そして広東省から浙江省までの沿海地帯で、カジュアル衣料品を生産し、ありとあらゆる種類の靴を製造し、台湾資本、アメリカ資本の工場が電機、電子機器をつくるようになってしまって、中国は資源小国に変わってしまった。

一九九三年には石油の純輸入国となった。今年、二〇〇四年には、中国の原油の輸入は日本を抜くことになる。そして原油の輸入を年平均で一〇〇〇万トンから一五〇〇万トン増をつづけていくことになる。

中国はまたオーストラリア、ブラジルから鉄鉱石を輸入するようになっているし、食糧を輸入するようにもなっている。アメリカ産、ブラジル産の大豆、トウモロコシを輸入し、中国南部ではベトナム米、タイ米を輸入している。現在、中国は日本ほどの食糧輸入大国ではない。だが、まもなく日本より大量の食糧を輸入に頼らなければならなくなるかもしれない。

都市化が進み、中産階級が増え、住宅の建設が大きく、木材の需要は増えるばかりだ。中国はほとんど一夜のうちに木材の大輸入国となってしまった。輸入量はいまやアメリカに次いで世界二位なのである。

世界一の埋蔵量を誇る石炭以外、中国はなにもかも足りない。明日の中国を論じてだれもが語るのは、水資源の不足である。

ひとつだけ言っておこう。都市の人口が増え、新たに住宅が建てられ、新たに都市ができれば、生活習慣は変わり、水の消費量は増える。北京では新しいアパートがつぎつぎと建てられているが、浴槽はないまでも、シャワーが取り付けられ、便所は水洗になる。寝る前には足を洗うだけだったときに比べて、水の消費は格段に増える。女性が髪を洗う回数が増えれば、水の消費量はさらに増大する。いずれにせよ、中国が食糧の大輸入国となったころには、中国のあらかたの都市は水飢饉となる。水を輸入することはできないから、海水の淡水化工場が沿海地帯の都市周辺にいくつも建設されることになるにちがいない。

中国が日本とどこの国よりも似ていることはすでに明らかであろう。

資源小国であること、そして老人超大国になるという二つの大きな制約のなかで、中国の指導者たちはやるべきことを決めることになる。

かれらはマスコミと野党に批判、攻撃されることなく、世論調査の支持率に一喜一憂することがなくても、この二つの大きな制約からは逃れることはできない。

かれらがやらねばならないと考えているもっとも大きな課題は、中国の都市化である。農民を移動させることだ。農民を都市住民にする。現在、全体の三〇%の都市人口を七〇%にする。一三億近い総人口のうちの九億人の農村人口を三億人にしてしまう。向こう十五年のあいだに二億二〇〇〇万の農民を都市に移さなければならない。江沢民が説き、胡錦濤が主張し、温家宝が語ってきたことである。

なぜ、都市化が必要なのか。

つい最近まで、東北の大豆とトウモロコシの生産は中国全土の生産の三分の一を占めていた。ところが、東北の大豆とトウモロコシの品質が悪く、しかも割高であるため、輸入品に圧倒された。「愛国大豆」と命名しても、一年分、二年分の大豆が倉庫に眠ったままといった状態になってしまっている。

経営を大規模にし、優良品種に統一し、機械化しなければ、国際価格に対応できる大豆、トウモロコシを生産することができない。ところが、現在、大豆、トウモロコシを栽培する農民は三〇〇〇万人にものぼる。余剰労働力の二〇〇〇万人以上に農業をやめてもらわねばならない。

そこでかれらを都市に移住させなければならないということになる。大豆やトウモロコシ栽培農家だけのことではない。やがて栽培をやめざるをえない運命にあるのは、国際価格より平均二割ほど高い新疆の綿花、江西のサトウキビである。そして内陸部の農村の零細な農家は商品化できる農産物を栽培するすべがない。

中国の農業はいまや日本の農業と同じだ。三八農業、六一農業、九九農業と呼ばれるようになっている。三八は三月八日、国際婦人デー、六一は六月一日、子供の日、九九は敬老の日だ。田畑で働いているのは、女と子供と老人だけだということなのである。

多くの農村は貧しく、半身不随の状態であり、耕作を放棄し、荒れ地が増えるばかりとなっている。制御不能な無法地帯となってしまい、悪徳ボス、カルト宗教が支配するようになっている村もある。

どこの農家も、若い者はいずれも沿海地帯に出稼ぎに行くことで、農家の家計を支え、農業税を支払っている。東莞《とうかん》の電機工場、蘇州の電子工場で若い女性が働く。だが、彼女たちの雇用期限は三年だ。彼女たちを解雇し、新しい女性を雇えば、給料を上げずに済む。男たちは工事現場で働く。大都市に住みつく者もいるが、かれらに住宅、医療、子供の就学の保障はない。

こうしたすべての問題を根本的に解決しようという意気込みを示したものが、農民を都市住民とする、中国を都市型国家にするという決意なのである。

向こう十五年までにやるのだと言う。なぜなのか。二〇二〇年前後には、中国が老人超大国になってしまう。労働人口が相対的に減少していくなかで、増えつづける老齢人口を扶養していくようになるより前に、中国を都市型の国家にしてしまいたいと中国の指導者は考えるのだ。そこで江沢民も、多くの専門家も、年間一〇〇〇万人以上の農民を都市に移すのだと語る。かれらはこれができると思っているのか。

三峡ダム建設のために犠牲になり、よそへ移住しなければならなかった住民は一一〇万人だった。全部を移住させるのに七年から八年もかかった。一年以内に一〇〇〇万人を都市に移し、かれらのための住宅をつくり、都市基盤を建設するといったことができると思っている政治局常務委員はひとりもいまい。

もちろん、いくつかのことはしてきたし、してもいる。遼寧省、山西省、四川省、いくつかの省で、農村から同じ省内の都市への移住を認めるようになっている。また人口二〇万程度の小都市を新たにつくろうとする計画も各地でおこなわれている。

だが、「産業のない都市化」は失業者や遊民の大群をつくるだけのことになってしまっている。たとえば西安市の大学で日本人留学生の幼稚な寸劇が誇大に伝えられ、日本憎悪の教育で育てられた若者を興奮させ、「抗日宣言」がだされ、日本料理屋が襲撃される。これをきっかけに不満を持つ失業者や市内底辺の住民による暴力的な社会混乱が起きることになるのをだれよりも恐れているのは党指導部であろう。

この都市化計画を前進させるためにすることはただひとつ、資源小国の中国は貿易重視の基本戦略を変えることなく、外資の参入を求め、「世界の工場」でありつづけなければならないということだ。

「世界の工場」でありつづけようと思えば、平和主義が原則となる。外国からの資本と原料資源の供給への依存は、諸外国とより緊密な協調関係が必要であり、アメリカ、日本、ＥＵの諸国に電機、電子製品、カジュアル衣料品、靴を売っていくためには、平和の持続を望まねばならない。

北京中南海の九人の中共党中央政治局常務委員が考え、望むことは、日本のだれもが望むことと同じなのである。


（草思、二〇〇四・二月号）

尖閣上陸は江沢民の策略

この二月（二〇〇四年）に、私は『「反日」で生きのびる中国――江沢民の戦争』という本を草思社から上梓した。

この本のなかで五回以上もリフレインして使ったのは、あるアメリカの記者が記した次のようなくだりである。

「中国人の大多数が抱く日本に対する敵意に、大多数の日本人がほとんど気付いていないことに、私は衝撃を受けている」

この語句は、その記者が八年前に『朝日新聞』に載せた文章の一節である。

私が論述したのは、「中国人の大多数が抱く日本に対する敵意」を「大多数の日本人」が気づいていなかったのはなぜなのか。すべてを承知していた人びとが見て見ぬふりをしてきたこと、そこで政府とマスメディアにかかわってきた人たちが沈黙を守ったのはなぜだったのか、ということの解明だった。

「私は衝撃を受けている」と書いたアメリカ人記者は、『ニューヨーク・タイムズ』の東京支局長を四年半務めたニコラス・クリストフである。かれは現在も『ニューヨーク・タイムズ』でコラムニストとして活躍している。

ところで、クリストフは八年前のその文章のなかで、「東シナ海には北海油田と同程度の石油が埋蔵されている可能性がある」といって、次のように続けた。

「私は、中国は日本から尖閣諸島を奪取する、と信じている。論理的に見て、江沢民国家主席の利益になるからだ。

自分が江沢民主席だと考えてみよう。……鄧小平の没後、その地位の継承を確実にするためには、軍の協力が必要だ。そうなると、尖閣諸島の奪取という妥協が成立する。台湾に圧力を加えることになるし、日本が同諸島のために戦争に訴えそうにないから、負ける心配もない……」（『朝日新聞』一九九六年六月三日付）

クリストフはまた、いまから二年前の二〇〇二年、だいぶトーンを落としはしたものの、同じ懸念を述べた。

「敵愾心のあふれた愛国主義が中国政府の足かせとなってしまい、台湾の問題でアメリカとの戦いの危険を増大させ、係争中の尖閣諸島の問題で日本との戦いの危険を増大させる」（『ニューヨーク・タイムズ』二〇〇二年一月二十二日付）

私は前記の著書のなかで、そのようなことは起きえないだろうと述べ、次のように記した。

「江沢民の目標はただひとつ、日本憎悪の運動を展開して、日本と日本人にたいする恨みと憎しみをつねに培養することによって、党こそが中国と中華民族を仇敵、日本から救ってみせたのだと国民を教化することによって、国民を掌握する力を取り戻し、党の落ちようとする威信を確保することにあった」

「どこまでやっていいのか、決してやってはいけないことはなにかを、江沢民ははっきり承知していたのである」

これに付け加えることはないと思うが、尖閣諸島についてここで論じたい。

尖閣諸島といったら、読者のだれもが思い出すのは、今年の三月、七人の中国人活動家がその島の一つに上陸し、日本政府がかれらを中国に送還した事件であろう。

だれがやらせたのか。上陸した七人のうちの二人はうちの社員だといい、観光開発のための出張だ、現地調査だと説いた男が北京にいた。一九九一年から北京に駐在する外国人記者のあいだを回り、戦争賠償を日本に求めるキャンペーンを続けていたのがこの男だった。民間人と名乗っていたが、そんなことを勝手にすることが、中国ではできないことはだれにもわかっていることだった。

今回もまた、最高機関にいる人物がかれを使えと言ったことは間違いない。そのように命じたのはだれだったのか。

中国の最高機関は胡錦濤派と江沢民派に分かれ、両者のあいだに対立、鞘当てのあることは外部の人も承知している。そして両者の対立点の一つに、いましがた述べたばかりだが、愛国主義を問題解決の手段として利用する江沢民時代の方式を踏襲するか、しないかという問題もあるように思える。

今回の尖閣諸島の騒ぎは、江沢民がやらせたことではなかったか。

これについて語る前に、中国の党と政府が尖閣諸島は自国領と頑張りつづけてきた理由について述べよう。その理由は三つある。

第一の理由は、クリストフが記したように海底油田だ。

尖閣諸島の騒ぎは海底油田が始まりだった。台湾政府が一九七〇年七月に、アメリカ系のガルフ石油に尖閣諸島周辺の海底の採掘権を与えたのがきっかけとなった。その年の九月二日に、台湾の水産試験場の所属船が尖閣諸島に国民政府の旗を立てた。そのあと琉球警察の救難船がその旗を引き抜いた。それより前、琉球政府は尖閣諸島が琉球政府の所属下にあると主張し、大陸棚の問題について台湾政府と話し合おうといった。話し合いに入ることに台湾側は基本的に同意した。

沖縄の日本返還前のことであり、そのとき、日本は台湾政府と国交を結んでいた。キッシンジャーが密かに中国入りをするのはこの翌年である。それから三カ月あとの十二月四日、新華社記者の報道を北京放送が伝え、尖閣諸島は中国領だと突然にいいだしたが、公式の声明ではなかった。

北京の指導部は、そのときまで尖閣諸島に注意を払ったことはまったくなかった。一九四二年八月初め、ガダルカナルに敵が上陸したと軍令部から知らせを受け、いったい、それはどこにある島だと慌てて地図を繰った参謀本部、陸軍省の部課長と似ていた。

尖閣諸島をめぐる争いに介入してから、北京指導部の関心はずっと石油だった。中国がその争いに加わって間もなく、一九七三年には石油危機が始まった。一バレル二ドル五〇セントの原油価格は年末には一〇ドルにまで暴騰した。各国政府は世界の石油の奪い合いを始めた。そして一九七八年には中東の石油王国で混乱が起きた。イランのパーレビ国王が追われ、第二次石油危機と呼ばれる石油価格の暴騰となった。イラン革命が起き、さらにイランとイラクが戦争を始めた。

同じそのとき、中国では新たに支配者となった鄧小平が毛沢東の教義を思い切りよく捨てた。かれが思い描いたのは中国をして石油大国とすることだった。

中国に入国させた台湾や香港の企業家に工場を建てさせ、農村から工員を募集し、つくった衣料品や玩具をアメリカに売るといった発想はマルクス主義者には馴染めなかった。一九七九年、一九八〇年、鄧小平と部下たちは輸出大国、台湾の真似をしたいと思ったのだが、自信はなかった。

アメリカの石油会社に探査、開発を頼まなければならないのだが、石油大国になってみせるといった夢には自信があった。大慶《たいけい》油田の記憶がだれの胸にも鮮烈だったからである。大躍進運動が悲惨極まる結末に終わり、黒竜江省から海南島まで飢餓がひろがり、二〇〇〇万人から四〇〇〇万人が餓死し、死んだ赤ん坊を食べて当たり前となっていたときだった。中国共産党の幹部たちにとって、黒竜江省で油田の開発に成功したことは、暴風雨の暗夜の荒れ海のなかで灯台の灯を見つけた船乗りの気持ちと似ていた。

鄧小平は、南シナ海から東シナ海の海底油田が「第二の大慶」となると希望をかけた。かれと部下たちが尖閣諸島に執着したのは当然だった。

尖閣諸島を自国領だと頑張る二番目の理由は何なのか。一九八〇年代の半ば、南海油田、東海油田の夢ははかなく消えてしまった。だが、台湾、香港の企業の広東進出が中国の進路を定め、中国のダイナミズムの源泉となった。軍事費の年々の増大が可能となって、尖閣諸島周辺の水域は中国の潜水艦が活動するために必要となった。

すべては海軍の作戦担当の軍人たちが想定するだけの計画だが、台湾に対する補給路を遮断することになって、そしてまた台湾を守るための米第七艦隊と戦うことになって、その浅海域の海底、水温、潮目、そして複雑な海流を調べなければ、台湾とアメリカによる潜水艦を探知、攻撃する作戦に対抗できない。そこで尖閣諸島の周りの水域に調査船の派遣となる。

もう一つある。中国の核搭載の原子力潜水艦がこのさき十分に秘匿性をもつようになったとしても、浅海域では対潜用の艦艇と航空機のソナーに容易に見つけられてしまう。原子力潜水艦の動力騒音は通常の潜水艦と比べてずっと大きいし、その運動性も劣るからだ。中国近海の浅海から太平洋の深海に抜け出る最適の航路となるのが尖閣諸島周辺の水域なのである。

北京指導部にとって、尖閣諸島の三番目の利用価値は、中国共産党が得意としてきた統一戦線工作をおこなうに当たって不可欠な「愛国」カードとして使えるからだ。

一九四五年、日本の敗北のあと、北平、上海をはじめとする大都市で、中国共産党は学生運動を巧みに利用した。愛国主義の看板を掲げ、「反飢餓」「反米」を叫ぶことで、学生、知識人、都市の市民、国民党に反対する小党派を中国共産党の支持勢力に変えてしまった。

尖閣諸島の騒ぎが始まってすぐの一九七一年のことだ。台湾の国民党は沖縄の日本返還に先立ち、尖閣諸島の問題をアメリカ政府に取り上げてもらおうと思い、アメリカ各地の大学にいる留学生に「保釣会《ほちょうかい》」をつくらせた。「保衛釣魚台委員会」である。釣魚台《ちょうぎょだい》は尖閣諸島のことだ。かれらはサンフランシスコやニューヨークでデモ行進をしたのだが、この「保釣会」が中国共産党の工作員に狙われ、たちまちのうちに「保釣会造反総部」がつくられてしまった。「造反」はまだ文革が続いていたときのことであり、常用のフレーズだった。アメリカの学生運動を中国共産党が牛耳ろうとする動きに、国民党中央は慌てに慌てることになった。

さて、中国共産党は一九九六年秋に尖閣問題の「愛国」カードを切り、香港と台湾に統一戦線工作を仕掛けた。

台湾では、総統選挙で敗れた大陸系の人びとが報復の絶好のチャンスとばかり、日本との関係を荒立てたくないと考える総統、李登輝《りとうき》を窮地に追い込んでやろうとして、尖閣諸島を日本に奪われてはならないと叫びたてた。

香港では、人びとのボルテージを一気に上げる出来事が起きた。尖閣諸島に向かった船に乗っていた香港の活動家の一人が船を戻すと決めた船長と口論の末、興奮して海に飛び込み、溺死した。余計なことを記しておくなら、船長はその船に記者として乗り込んでいたほんとうの指揮者、中国共産党幹部の指示に従って行動していたのである。そうしたことはともかく、死者が戻った香港では、親中国派と民主派が喧嘩をやめて、「日本軍国主義打倒」「中国は軍艦を派遣せよ」と反日の大合唱をすることになった。

そのとき、香港にいた日本の特派員は次のように記した。

「その後の民主派活動家の尖閣上陸成功で、返還準備の大詰めを迎えた香港は中国国旗の下に一体感に包まれている。中国にとって願ってもない香港返還の環境ができあがったことは間違いない」（金子秀敏「中国が操る香港『反日運動』の舞台裏」『Foresight』一九九六年十月号）

もう一人の特派員は、大合唱をしたあとの香港人の胸のうちを次のように記した。

「香港市民の心は、微妙に揺れる。『愛国』を叫べば叫ぶほど、香港としてのアイデンティティーを失っていくという焦燥感に、返還後も自由な発言の場が残るかという不安がオーバーラップする。……意気軒昂なデモ行進に潜む、植民地の哀しみを、思わずにはいられない」（津田邦弘「香港民主派『愛国』に相乗り」『ＡＥＲＡ』一九九六年九月三十日号）

この三月の尖閣諸島の騒ぎのことになる。その島へ向かう中国人活動家を乗せた一〇〇トンほどの漁船が、浙江省の温州市から六〇キロほど離れた楽清《がくせい》市の港を出港したのは、三月二十三日の未明だった。台湾の総統選挙の結果は、二十日の午後十時過ぎには判明していた。

江沢民は陳水扁《ちんすいへん》が再選されたことに大きく失望したのであろう。これは胡錦濤も同じであったろうが、江の場合は、今回が初めての失敗ではなかった。一度、二度と台湾の総統選挙の対応を誤り、つまずきつづけた。

八年前、一九九六年の総統選挙の直前に中国がミサイルを発射して、台湾を脅そうとしたことは、日本でも多くの人が今回の選挙の前に語った。もう少し詳しく述べよう。

今年の総統選挙の投票日は、すでに見たとおり三月二十日であった。一九九六年は三月二十三日だった。それより前の三月八日に中国軍は台湾の南の高雄《たかお》沖に二発、北の基隆《キールン》沖に三発の弾道ミサイルを撃ち込んだ。続いて三月十二日から二十日まで台湾の対岸の福建省の沿岸で上陸演習をおこなうと発表した。

すべては江がやらせたことであった。かれは何を考えていたのであろう。立候補した総統候補のだれかれを落選させてやろうと考えたわけではなかった。かれは東アジアの漢語圏で初めておこなわれることになった民主的な首長選挙は、アメリカが仕掛けた「共産主義」中国に向けての「和平演変」の陰謀のように思えて、ただただ恐ろしく、不快極まりなかったのである。

中国と台湾はお互いに専制国家であってこそ天下太平なのであり、アメリカは何もいうことができず、国内でおかしなことをいいだす者も出てこない。台湾も、中国と同じように一党支配、皇帝型の独裁を続けていくのが何よりも望ましいのだ。

江沢民は台湾の総統選挙をおこなわせまいとした。台湾政府を脅かし、臨戦状態にさせ、選挙の施行を無期延期にさせようとして、まずはミサイルを発射させ、続いて軍事演習をおこなわせたのである。

ところがアメリカが、誕生しようとする台湾の民主主義を守ろうとした。二隻の攻撃型原潜から給油艦までを引き連れた空母インディペンデンスと巡洋艦バンカーヒルの戦闘群を台湾海域に派遣し、さらに空母ニミッツの同じような戦闘群をペルシャ湾から台湾水域に向かわせた。江沢民は、自分の試みが台湾の民主的選挙を中止させることができないことを知った。三月二十日まで続ける予定の演習を早々に打ち切らせてしまった。

二〇〇〇年の二回目の総統選挙では、江沢民は国民党の首脳たちに信頼される人材を部下に持ち合わせていないことを明らかにしてしまった。当たり前といえば当たり前にすぎ、わざわざ語るほどのことでないかもしれない。国民党からの候補、連戦《れんせん》、国民党を割って出たもう一人の候補、宋楚瑜《そうそゆ》を説得して、二人のどちらかを出馬辞退させることができるような国民党幹部に十二分に信用されている共産党長老など、鉦や太鼓で探して回っても北京、上海にいるはずはなかった。

結局、連と宋は互いに票を奪い合って自滅した。宋が四六六万票、連が二九二万票だった。四九七万票を獲得した陳水扁が漁夫の利を得たのである。

今年三月の三回目の総統選挙でも、江沢民は誤りを犯した。前の失敗に懲り、連戦と宋楚瑜が総統・副総統のコンビを組んだのだから、今度こそ勝利間違いなしとかれは読んだ。かれと部下たちが過信したのは、国民党候補がつねにリードしているという支持率調査の数字だった。連と宋のコンビは陳と呂秀蓮に対して一〇ポイント以上の差をつけていると台湾の新聞は報じていた。投票日が近づき、その差は縮小したが、三ポイントの優位は動かないと告げていた。

だが、これが正確ではなかった。

こういうことだった。台湾の『中央日報』は国民党の機関誌だから、その民意調査は連・宋贔屓《びいき》になるだろう。『自由時報』は民営紙だが、土着台湾人の新聞であり、当然、民進党を応援し、陳・呂の陣営の側に立つだろう。台湾で長い歴史をもつ民営の『中国時報』や『連合報』の支持率調査であれば公平に近いのではないか。外国人はそう思った。ところが、民進党を支持する台湾人はそうは思わなかった。『中国時報』や『連合報』の創設者は大陸系人であり、大陸系人が台湾を支配していた時代の国民党の長老だった。そこで『中国時報』や『連合報』から電話がかかりだれに投票するかと尋ねられて、陳と呂に入れようと思っている人のなかには、本心をいわず、まだ決めていないと答えた人がいたのだし、何も答えることなく電話を切ってしまった人もいたのである。

そこで調査結果の三ポイントの差は正しくはなく、ほとんど互角だった。

もしも江沢民が、皿秤は微かに揺れつづけまさしく秤は平衡なのだと気づいていたのであれば、もう一枚の銀貨を連・宋側の皿に載せようとしたはずである。一枚の銀貨などとはいわない、駄目を押す銀貨一〇〇〇枚の追加となる選挙資金を国民党に渡し、国民党の牙城であるべきはずの二〇〇万の大票田である台北市に投じさせなければならなかった。中国に進出している、星の数ほどある台湾企業のいくつかを利用すればすむことだった。

すべては後の祭りだった。

三度目の失敗は、票差のように剃刀の刃の薄さでは終わらない。この先、計り知れない大きな影響を台湾、日本、アメリカに広げることになる。そして中国でも、政策研究機関にいる人たちのあいだで、台湾政策を根本から改め、台湾を外交承認しなければならないと説く人たちが増えることになろう。

先のことはともかく、選挙の結果を知って、江沢民は何かしなければならなかった。国内に向けてではなく、台湾に向けてのことだ。じつは江は尖閣騒動をもう少し早く決めていて、連・宋の陣営に慶祝の爆竹を鳴らしてやろう、統一戦線展開の足掛かりにしようと考えていたようであった。

そしてもう一つは香港向けだった。香港の情勢は不愉快極まりない、と江は思っていたのであろう。中国側が言論を抑圧しようとして国家安全法を制定しようとしたのに対して、香港の人びとは五〇万人のデモで応えた。続いて香港の市民は行政長官の直接選挙を求めるようになっていた。中国共産党はこれを抑えつけようとして、香港人は「愛国者」でなければならないと説教し、反対する者を「漢奸」「売国賊」と罵る始末となった。

一九九六年に多くの香港人を「愛国者」に変えてしまったように、もう一度、香港で愛国主義をもり立てたい。台湾の選挙の予測は外れてしまったが、負けてしまった人たちに愛国主義の連帯の励ましを送ろう。

そこで江沢民は再び尖閣諸島の「愛国」カードを切ったのではなかったか。だが日本政府は、今回は江沢民につけ入る隙を与えなかった。日本側だけではない。胡錦濤の指導部も騒ぎを助長することを避けたかったのであろう。そして江は無理を続けなかった。

肝心なことは、江が愛国主義を叩き込んだ「彼の子供たち」を彼自身、信用できなくなっているということだ。野放図な煽動をずるずると続けたら、「江沢民の子供たち」は「台湾を膺《よう》懲《ちょう》せよ」「尖閣諸島を占領せよ」と大合唱をするデモをおこなうことになってしまい、興奮したかれらが次には「特権官僚階級は祖国を裏切っている」と叫びだすのにさほどの時間はかからない。そうなったら、それこそ「特権官僚階級」が何よりも恐れている都市下層民の「金持ち憎し」の暴動を誘発してしまうことになる。

反日教育、反日宣伝によって、共産党政権の正統性を国民に教え込み、愛国主義によって国を一つにまとめるという江沢民の国家戦略は有効性を減じつつあり、中国が直面する問題を解決するのに役立たないと考える人が、現在の北京の指導部のなかに増えているのだと私は思っている。

（Ｖｏｉｃｅ、二〇〇四・七月号）

江沢民の反日路線を批判した人民日報論文を読み解く——対談／金美齢氏

金　鳥居民さんが月刊誌に顔を出すのははじめてですね。

鳥居　久しぶりです。もっとも先月、月刊誌に書きました。対談はこれがはじめてです。いずれにしても一昔前、文化大革命以来です。

金　鳥居さんのこの本（『「反日」で生きのびる中国』草思社刊）が出て、いささかショッキングだったから、ぜひ対談したいという方もいらして、私を通して鳥居さんにお願いしたんですけど、お断りになって、今回、私となら付き合ってくれるかと聞いたら、長年の友人だということで、やっとお出ましいただきました。民さんは仙人のような生活を送っていますからね。

鳥居　いや、申し訳ない。ご承知のように私は『昭和二十年』を書いています。なかなか進まず、みんなに催促され、まだ昭和二十年六月じゃないか、いつになったら八月十五日になるのだとからかわれ、外にでるどころではないのです。

金　さっそくだけれど、この『「反日」で生きのびる中国』のなかで民さんが言いたいことは、あまりにも日本人が中国のことを知らなすぎるということ、それはなぜかというなら、知らせるべき立場の人が知らせていない。知らせようとしない、これがいちばんの問題だということ。

そしてこの本のなかで最初にニコラス・クリストフ（『ニューヨーク・タイムズ』記者）の文章がでてくるんだけれども、じつは私も印象深い経験があるんです。

クリストフの文章が朝日新聞に載ったのは一九九六年の六月三日のことだったけれど、その二日前の六月一日に佐賀大学の学生自治会主催の講演に佐賀まで行きました。「中国人はじつは日本人が嫌いなんだけれども、それを日本人はなにも知らない。このことが問題なのだ」といった話をしたんです。

質疑応答のときに、学生ではなく社会人とみえる人が「それは嘘だ、間違っている」と言いだすわけ。

「ぼくには手紙をやりとりしているペンパールがいて、日本が好きだということをずっと言ってきてくれるんだ」と語るのです。私は「なかにはそういう人もいるでしょうが、そのうちにあなたもいろんなことがはっきりわかるときがくる」と答えるだけにとどめたのです。

その二日あと、クリストフの文章が朝日新聞に載りました。私に質問をした人もこれを読んだかなと思いました。そして民さんが本のなかで書いているように、私も朝日新聞はこの重大な問いかけになんと答えるのか、中国専門家、あるいは朝日の論説委員、中国に常駐したことのある記者がどのように言うのか、なんと反論するのか、ずっと注意していました。まったくなにもない。クリストフの文章なんか知るものか、幻を見たのだろう、そんな文章はなかったといった具合で驚きました。

鳥居　私はあの本を書くにあたって、もういちど朝日の縮刷版を繰りました。投書欄を全部見ました。たしか慰安婦問題の投書が二つあったかな。まったくなにも触れていない。不思議な感じに打たれました。

クリストフ氏は三つのことを説いていました。

第一はつぎのようなことです。大多数の中国人は日本に敵意を持っている。ところが、大部分の日本人はその事実を知らない。そのことに私は大きな衝撃を受けている。

第二に中国は尖閣諸島を奪取するのではないか。日本はなにをしたらよいのか。

第三に日本は普通の中国人が日本にたいして抱いている敵意を取り除かねばならない。日本にたいする中国の敵意は深刻で、ぬぐい去るのに何十年もかかるだろう。それでもいま手をつけねばならない。できることからしなければいけない。

金　朝日新聞がその三つに賛否はおろか、なにも言わなかったのは、日中関係史、そして日本のマスメディアの歴史に残る問題のひとつだと思います。

鳥居　私もそう思ったから、ほかのことをする余裕なんかなかったのですが、あの本を書くことになりました。

ところで、今日の対談は、どうしてなにもかも知っている人が口を閉ざしてきたのか、砂漠の砂に顔を押しつけてきたのはなぜだったのか、ほんとうはどうすべきなのかという問題を語るはずでした。クリストフ氏がとりあげた第一の問題、そして第三の問題です。

じつはクリストフ氏が取り上げた第二の問題を今日は取り上げたいのです。中国は尖閣諸島を奪取するのではないかという問いです。

つぎの機会があったら、また対談して、クリストフ氏がとりあげた第一の問題、第三の問題を語り合いたいと思います。

なぜかといえば、この対談が終わったあと、そしてこの対談が載る『正論』が店頭に並ぶよりも前に、中国共産党の中央委員会総会が開かれ、もしかしたら、江沢民が引退するかもしれません。

私は本のなかで「江沢民の十三年」といったのですが、かれは国家主席、党総主席の職を退いてからも、今日まで二年間、それこそ清朝末期の西太后と同じだと香港の反共産党系の雑誌に嘲笑されてきたのですが、かれはずっと実権を握りつづけてきました。

そのかれが退けば、中国の内外の政策は少しずつ変わることになると思います。かれが引退しなくても、かれの力は弱まり、内外の政策は変わっていくのではないかと私は希望的観測をしています。

金　わかりました。江沢民の脅し、台湾にたいする軍事恫喝、そして愛国主義キャンペーンが下火になるかどうかということね。もっぱら私は聴き役になると思うけど、はじめてください。

鳥居　まずはクリストフ氏が語った尖閣諸島の問題です。かれは江沢民は尖閣諸島を占領するにちがいないと言いました。ほんとうはこの問題だけでも、朝日新聞はだれかに反論させるべきだったのです。

江沢民という人は、それこそ「ぬぐい去るのに何十年もかかるだろう」というまことに恐ろしいことをしてしまいました。本のなかでも書いたことですが、毛沢東はそんなことはついになにもできなかったのです。それはともかく江沢民という人は、「従順」、そして「用心深い性格」だという点を見込まれて、天安門の学生デモがつづいているさなか、保守派の長老たちがいいだろうということで、総書記となりました。かれの前の総書記、趙紫陽《ちょうしよう》、とりわけ胡耀邦《こようほう》は長老たちに「従順」ではありませんでしたからね。

ところが、江沢民は十三年にわたって総書記をつづけ、そのあいだに長老たちすべてが亡くなってしまって、威張り屋さんになってしまいました。だが、用心深い性格はそのままです。尖閣諸島の占拠などまったく考えたことはなかったはずです。かれは尖閣諸島を愛国カードとして使ってきました。香港人、台湾の大陸系の人たちの愛国心を燃え上がらせるのに使いました。

金　だけどね。この愛国カードも国内ではとても使えないでしょう。中国政府はなぜ尖閣諸島に軍艦を派遣しない、なぜ占領しない、党の偉い人たちは「祖国を愛していないのか」という愛国主義に燃える若者たちの合唱となる。そしてつぎの段階で、権力を握った、腐敗した貴族階級は「祖国を愛していないんだ」という合唱に変わってしまう。

鳥居　あとでその話をしようと思っていました。

まずはサッカーの騒ぎから、八月七日の北京のサッカー騒擾事件、八・七と呼ぶことにしますが、これは日本人に深刻なショックを与えました。

中国の共産党首脳部の人たちにたいしても、八・七はこれまた深刻なショックを与えたのではないかと思います。

かれらはなにも語っていませんが、大きなショックを受けたことは間違いありません。

死傷者はでませんでした。自動車がひっくり返されることもなく、日本の会社に火がつけられたわけでもありません。じつはそうなる一歩手前でした。

金　中国チームが勝っていたら、勝利デモが一晩中つづいて、暴動に発展したかもしれないと北京にいた人が言っています。

鳥居　中国の共産党首脳部の人たちが受けたであろうショックは最後で語ることにして、日本人の反応について語ります。

金さんは読んだかな、日本経済新聞の宮本明彦さんが恐ろしい文章を新聞に載せました。読んでいませんか。

八・七のあと、いつもどおり、口さきだけのごまかしをいささか恥ずかしげに並べたてる人たちがいました。だが、かれらが胸中深く恐れていることを、宮本さんははっきりと説いたのです。

口さきだけのごまかしといま言いましたけれど、呑気な人もいます。

　こんなことを言っています。

「今回のような騒動は、全くな偶発ということは極めてまれで、必ずといってよいくらい画策者がいる。重要なのは、画策したのがどういう素性のグループで、どういう人々が動員され、どれくらいの影響力を持っているかということである」

　これを聞いて金さんはまたまた思いだすでしょう。「中国人の大多数が抱く日本に対する敵意に、大部分の日本人がほとんど気づいていないことに、私は衝撃をうけている」というクリストフの言葉を。

金　画策者もいない、動員もない、計画もない。だが、ちょいと突つきさえすれば、一〇〇〇人の若者、一万人の若者の胸のうちから、たちどころに日本にたいする憎しみがたぎりだし、溢れでてくる。右に座る者も、左に座る者も、後ろの者も、すべては仲間だ、同志だという熱い感情が胸を焼く。幼児のときから日本憎悪の教育を受けてきた若者の当然すぎる反応でしょう。
　画策者、動員した者を見つけたいというなら、江沢民そのひとだと言うしかない。

鳥居　はい。そこで宮本明彦さんの文章のことになります。「平和の祭典の陰で」という題で、八月二十二日の紙面に載りました。「平和の祭典」とはアテネのオリンピックのさなかのことだったからです。

宮本さんはこう言います。中国が「台湾に武力を行使しても『中国の内政問題』だとする主張に賛同する国はない。米国がどこまで『管理された戦争』にとどめることができるかどうかはともかく、武力による介入は不可避だ」

そして宮本さんは「問題は日本である」と言います。「中台の統一は『中国人同士が平和的に話し合う問題』だとの立場に立つ。中国が武力行使に出れば、米国と共同歩調をとらざるをえない」

宮本さんはつづけます。

「米国の後ろに日本の姿が現れた途端、中国の世論は反米ではなく、反日一色に染まるかもしれない。やがて戦闘が鎮まれば、米中は再び改善への道を探る可能性もあるが、日中の国民感情は修復できないほどの打撃を受けるだろう」

こう言っています。

金　宮本さんも八・七に大きなショックを受けたのね。

鳥居　そうだと思います。宮本さんは最後につぎのように説くのです。

「日中にせよ、米中にせよ、経済の依存関係がこれだけ深まっている時に、あえてこれを根底から覆すような椿事が起こるはずはないとする説もある。これが本当であれば、世界の安定に政治の出番はない」

金　日本の首相官邸、外務省、マスメディアの人びと、そして中国研究者たちは「繁栄する隣国こそが、最善の隣国である」と信じて、江沢民の大々的な反日キャンペーンにじっと沈黙を守りつづけたのだろうと民さんは『「反日」で生きのびる中国』のなかで書きました。

　中国を市場経済のなかにしっかりと取り込んでしまえば、やがて中国政府は恫喝外交をつづけることが難しくなる国内環境を生みだすということでしょう。

　ところが、江沢民が党中央軍事委員会主席をやっている中国はどうもそうならないのではないかと宮本さんは心配するのね。

鳥居　宮本さんの懸念に私はどう考えるかを語る前に、諸悪の根源、そう言ったら、あれもある、これもある、そんな小さなことが諸悪の根源であってたまるかとお叱りを受けることになりますが、諸悪の根源、中国の「二つの司令部」について語りたいと思います。

　最初に言いましたように、この対談が活字となる前に北京で中国共産党の中央委員会の総会が開かれ、江沢民が党軍事委員会主席のポストから退き、完全に引退するか、その椅子にしがみつき、来年の九月まで頑張ることになるのか、はっきりします。

金　ニューヨーク・タイムズが「辞意か」と観測記事を載せ、日本の新聞もこれをとりあげましたね。

鳥居　そのあとにでたアメリカの週刊誌、ニューズウィークとタイムはともに首をひねっています。

　江沢民はもちろん、このまま残りたい。だが、引退したいのだとは言ってみせる。このテクニックは前に使いました。

二年前、二〇〇二年秋の党大会の前が同じような状況でした。江沢民は党総書記、国家主席だけでなく、中央軍事委員会主席からも退くだろう、いや、鄧小平のやり方を真似て、中央軍事委員会主席の椅子だけは手放さないだろうと噂がとびかいました。

金　お得意のパフォーマンスをやってみせたのよね。世代交代が必要だ、若がえりをしなければならない、私は引退すると語ってみせる。完全引退を仄《ほの》めかしてみせる。そしてかれの部下たちに引退を止めさせるといった形をつくらせる。

結局、かれは中央軍事委員会主席の椅子に居座り、そのあと「同志たちの求めにより」心ならずも留任したのだとアメリカ人に言ってみせた。

今度も同じでしょう。だけど二年前とは少し違うようね。台湾に向かって、恫喝をつづけた上で、台湾問題は深刻だ、若い者には任せられない、私がしっかり舵をとらねばならない、そんな具合に言っています。

鳥居　そのとおり。

やめたらどうだと先輩たちに何回も言われてきている。江沢民の評判は決してよくない。ところが、政治局常務委員の数を七人から九人に増やし、そのうち五人を自分の部下で固めた。その部下たちのことになりますが、賈慶林《かけいりん》、黄菊《こうぎく》、李長春《りちょうしゅん》は地方党書記だったときに、それぞれ問題があり、これまた評判がよくない。そんな経歴の連中だから、私が頼りだ、絶対に私を裏切ることはないと江沢民は考えて、政治局常務委員にしたのだ、こんな具合に非難されています。

引退して当たり前とだれもが思っている。そこで江沢民は懸命です。自分がいなければ、か弱い胡錦濤・温家宝のコンビはやっていけないのだと宣伝する。

金　「二つの党中央」がある、「二重権力」だと日本で、アメリカで、台湾で言われることになるわけよね。

鳥居　国内問題で、胡錦濤が政治体制を改革しようとする。ところが、江沢民は消極的です。また江沢民は胡錦濤の経済引き締め政策に反対し、経済成長政策をつづけるべきだと主張しています。江沢民の部下の上海の党書記は公然と胡錦濤のやり方を批判しました。

そしてもっとも大きな問題は宮本明彦さんが取り上げた台湾の問題です。金さんもさきほど言ったように、江沢民は台湾に恫喝をつづけ、強硬な態度をとってきています。江沢民が愛国主義の旗を振り、緊張政策を鼓吹する。やむをえず胡錦濤の側も愛国主義の旗を振る。こんな競り合いをつづけていけば、それこそ宮本さんが懸念するように、「椿事」を引き起しかねません。

だれもがいやな状況だと思ってきました。産経新聞の山本秀也さん（外信部次長）も危険だなと思いました。

金　前に北京特派員だったでしょ。

鳥居　そう。山本さんは「台湾問題で胡錦濤が重大な決断を迫られる場面がいつ来るのかにもよるが、背後に控えた督戦部隊の指揮官は、江沢民に違いあるまい」と嘆じました。

当然ながら中国の党・政府の幹部たちのなかにも、こんなばかなことをやっていてと思う人がいます。だれもが黙っているわけではありません。

この七月に二つの文章が出ました。

「二つの党中央」、ぶつかりあう二つの路線がある、それぞれを代表した文書といってよいものです。

ひとつは七月九日に発表されたという党中央軍事委員会の文書です。江沢民の演説が載っています。

もうひとつは、七月十二日付の国内版の人民日報に載った論文です。江沢民の路線にはっきり反対する考えを打ち出し、中国の長期課題を論じ、明快な提言をしています。胡錦濤陣営の考えがあますところなくでていると思います。

七月九日付の文書のことになります。このなかに江沢民が六月二十日におこなったという演説が載っています。

その日に十五人の高級軍人を上将に昇格させました。上将は大将の上につくられた位です。江沢民がこの親任式で上将の位を授けたわけです。

金　蔣介石、その前の時代から、中国の指導者はずっと軍人ですよね。ところが、江沢民は軍人ではない。高級軍人を懐柔するのに懸命でした。経済が拡大しているおかげで、軍事費を増やすこともできたしね。

鳥居　かれは運がいい。天安門事件でかれが棚ボタで総書記になりますが、その前年の一九八八年に軍の階級制度がつくられます。ですから江沢民が一手専売で、どしどし上将をつくりました。軍人は中将になる、大将に昇進する、上将になれるといったら、こんな嬉しいことはない。これは軍人になった者でなければわからないことなんだそうです。この大盤振る舞いをして、軍内で江沢民の人気が高まる。そしていま言われたように、経済が拡大してきましたから、軍事費を増やすこともできる。台湾がどうだこうだと言って、さらに軍事費を増やすことができる。高級軍人は江沢民万々歳です。

そこで六月二十日の上将親任式での演説です。決まりどおり、アメリカ覇権主義、日本軍国主義と言い立てました。そしてかれはアメリカと核戦争をする覚悟ができていると喋りました。核の先制攻撃をおこなう用意があるのだと、なんのつもりか大層な鼻息でした。かれはこのような台湾を軍事恫喝する演説をそれまでにも何回かしてきています。

さて、もうひとつの文章です。

前に言いましたように七月十二日の人民日報に載りました。

書名は任仲平です。これは個人の筆名ではありません。論説委員、寄稿家のグループ名のようです。

一読して分かるのですが、重大な論文です。中国内のメディア関係者はこれが説くところの重要性をただちに認め、紹介しました。当然ながら北京はもちろんのこと、四川から東北三省までの党書記、珠江デルタと長江デルタの外国人、中国人企業家、そして日本大使館とアメリカ大使館の館員、日本の外務省、アメリカの国務省、そして台北の総統府の担当官のすべての人びとが注目したことは間違いありません。そしてだれもがほっと一息ついたにちがいありません。

ついでに語るなら、山本秀也さんが「背後に控えた督戦部隊の指揮官」と書いたのは、山本さんがその論文を読む前のことです。日本経済新聞の宮本明彦さんはこの論文に目を通す機会がなかったのかもしれません。これを読まれていたら、希望はあるのだ、まともな考えを持っている人たちがいるのだと思い、これを取り上げたのかもしれません。

任仲平の論文のことになります。まことに率直です。とはいっても、この愛国主義、軍国主義全盛の世のなか、とても明言はできませんが、向こう二十年、軍事恫喝や緊張政策なんかとるな、戦争なんかとんでもないと暗示しているのです。

金　ふーん。それは江沢民にたいする当てつけ、挑戦状。

鳥居　そう思います。

この論文は「鍵となる時期」の言葉を繰り返し、十回以上もでてきます。「改革発展の鍵となる時期」ということです。

この「改革発展の鍵となる時期」は一年、二年ではない、この先二十年だというのです。これから二十年こそは中国の改革発展の鍵となる時期だというのです。現在、中国の国民一人当たりの年間の所得は一〇〇〇ドルです。実際には九〇〇ドルぐらいかもしれません。これを向こう二十年間に三〇〇〇ドルにしなければならないと任仲平は主張します。

ついでに言っておきましょう。台湾が一万三〇〇〇ドル、韓国はどうしても一万ドルの壁を突破できず、九〇〇〇ドルにとどまっている。マレーシアが四〇〇〇ドル近く。

金　池田内閣の「国民所得倍増計画」ね。あれは十年で二倍でしょ。私が日本に留学に来たつぎの年にはじまった。

鳥居　金さんがそう言うだろうと思って調べてきました。一九六〇年（昭和三十五年）に唱えられ、十年を待たず、一九六八年（昭和四十三年）には実質で国民総生産は二倍を超えています。そして一九七〇年にはアメリカに次いで日本の国民総生産は世界第二位になります。

この長期計画を策定した下村治という人は、あとになって、最初にそれを発表したとき、あらかたの新聞、雑誌に、めちゃくちゃだ、幻の計画だと愚弄、嘲笑されたのだと語っています。そうでしょう。言論人の大半はマルクス経済学をかじった人たちでしたから、資本主義経済はやがて破綻するとまだまだ思っていました。

日本の成功があり、そのあと台湾、韓国と成功がつづきましたから、任仲平の論文が向こう二十年に国民所得を三倍にしたいと主張しても、愚弄、嘲笑する人はいないでしょう。だが、これは大変なことだと思う人は多いでしょう。

　任仲平もまた、向こう二十年のあいだには、多くの困難、難問が待ち受けているのだと言います。そこでもっとも大事なことは「穏定《おんてい》」維持することだと説きます。

金　ウェンティン、穏定、安定よね。

鳥居　安定が一切を圧倒すると説くのです。

　これは有名なフレーズです。焦国標《しょうこくひょう》という北京大学の新聞・コミュニケーション学院の助教授が、『中央宣伝部を討伐する』（邦訳、草思社）といった論文を発表して、論議を呼んだというよりは拍手喝采されました。その本のなかに、「安定圧倒一切」（安定がすべてに優先する）とでてきます。もとはといえば、鄧小平だったかな、天安門の学生のデモがはじまったとき、学生の味方に立った趙紫陽を追放したときに使った言葉なのです。

　ですから、このフレーズの出自はよくない、利用のされかたもよくない。だいたいが安定の二字は人民日報の社説が人民を抑えようというときにつねに使いたがった言葉です。

　しかし、任仲平の論文の安定はそれらの安定とは一緒にできません。平和の二字の代わりに安定の言葉を使っているのです。敵対的な外交、緊張政策、恫喝からはじまる恐れのある戦争、それらの対極にあるところの平和こそが、われわれが求めるものだというのが本心です。

　平和の二字を使わなかったのは、昨年十二月に温家宝首相がアメリカで説いた「平和的台頭論」がいつか立ち消えとなったことと関連があるのかもしれません。江沢民がなにが「平和」だと怒り、台湾とアメリカに脅しがきかなくなると批判したからだといわれています。そこで任仲平は安定を使ったのかもしれません。

任仲平は安定が一切を圧倒すると説き、「安定の最大の受益者は人民群衆であり、不安定の最終の被害者もまた人民群衆なのだ」と主張するところがいちばん大事なところなのです。

そして国民所得を三倍にして、「小康社会」、ややゆとりのある社会を築き上げるまで、互いに手を取りあい、肩を並べ、心をひとつにして働き、改革発展の鍵となるさらなる二十年を頑張ろうではないかと結んで、まことに情感あふれる、熱血的な大論文は終わります。

金　江沢民にたいする当てつけと最初に言ったけど、これは果たし状ね。

鳥居　七月十二日の任仲平論文のあとのことになります。台湾侵攻のタイムテーブルなるものをかれは語ったようです。七月十五日の香港の中国系の新聞は中央軍事委員会拡大会議が開かれ、江沢民が台湾問題解決の予定表を提出したのだと伝え、江沢民の名前はだしてはいませんが、「権威ある人士」がこのさき十年、二十年のあいだは、中国にとって最大の安全保障上の脅威は台湾問題なのだと喋ったのだといっています。

江沢民が任仲平論文を読んだあとに中央軍事委員会拡大会議が開かれたのであれば、人民日報に正面切って喧嘩を売られ、江は大いに立腹し、そんなご大層な演説をすることになったのかもしれません。

金　困った人よね。台湾は一〇〇〇億ドルを中国に投資している。八〇万人の台湾人が中国で企業を経営している。自分たちのカネ儲けのためにやっていることにちがいないけれど、中国のためのこれほど大きな協力はほかにはないでしょう。それを台湾は「最大の安全保障上の脅威」などとよくも言えるものね。

鳥居　江蘇省のどこにあるか知らないけど、昆山《こんざん》という市があります。

金　昆山ね。上海から車で小一時間ほどの距離ではないかな。台湾にずっと昔につくられた高雄の輸出加工区を真似しました。台湾人経営者が多いから、「小台北」とよばれています。

鳥居　なるほど、「小台北」ね。ここの市長がなかなかの手腕家で、一生懸命にセールスに励み、多くの台湾人企業家を呼び込み、一〇〇億ドルをも投資させ、台湾のおかげでこの市は大層繁盛する町となっています。

ところで、江沢民の生まれ故郷は同じ江蘇省にある長い歴史を持った揚州《ようしゅう》です。市の格からいえば、この十年のあいだに農村から市に成り上がった昆山など及びもつきません。ところが、江沢民は「小台北」の繁栄がうらやましくてなりません。自分の故郷に台湾人の企業家に来てもらおうとして、昆山のその商売上手な市長を揚州の市長にスカウトしました。

台湾が「最大の安全保障上の脅威」なんて、どこを押したらでてくるのかな。

金　前にも言ったことだけど、江沢民が、台湾問題は深刻なのだ、経験の浅い連中にはとても任せておけないと叫びたてているのは、中央軍事委員会主席の椅子を手放したくないからでしょう。江沢民は本気で台湾侵攻の予定表を考えているとはとても思えない。自分の椅子を来年まで、できたら再来年まで守りたい。どうにかして「三つの代表」を定着させて、歴史に自分の名を残したい。それだけではないかしら。

鳥居　そう思います。

そこで八・七に戻ります。日本人は大きなショックを受けたかもしれないけど、天安門事件の六・四と比べたら、月とスッポン、なぜ八・七なんだと言う人が多いかもしれません。

しかし、最初に言ったように、胡錦濤、温家宝、そして江沢民は、これはまずいと嘆息したにちがいないと思います。まったくの想像ですが、八月七日にスタジアムで起きたことについて、日本の首相や外相が嘆息したよりもずっと大きな嘆息をしたのではないかと私は思っています。

それを語る前に、江沢民がやってきたことのお復習《さら》いをしましょう。共産党の政治思想工作は敵をつくることからはじめます。全体の五％の敵をつくります。長いあいだにわたって、哀れな、いじめぬかれた地主、富農、右派分子が敵でした。階級闘争がご法度になってから、地主、富農というわけにはいきません。敵を日本とします。徹底した日本憎悪の教育をする。そして残虐非道な日本軍を打ち負かしたのは中国共産党だと教える。だからこそ共産党が国民を指導するのは当然なのだ、だれもが共産党に感謝しなければいけないと教える。このような政治思想工作を江沢民は十年にわたってつづけてきました。

そこで、この七月から八月はじめにかけて、胡錦濤、江沢民は重慶、済南、北京のサッカー場でまことに見事な愛国主義教育の成果を見ることになりました。肝心なことになります。胡錦濤、江沢民は若者たちの党にたいする忠誠心もまたいやが上にも高まっていると喜んだのでしょうか。

金 私がそのあとをつづける。共産党といえば腐敗と強権の代名詞としか思っていない若者たち、共産党の幹部とその息子、娘たちは特権を利用して大金持ちになっていると憎しみを抱く若者たち、これが愛国主義をたたき込まれた同じ若者たちです。

そして北京のサッカー場に集まった六万人は氷山の一角にしかすぎません。高い入場券を買うことなどはじめから思ったこともない貧しい若者たちの大群がどんなことを考えているかを想像しなければなりません。

愛国主義教育が党にたいする忠誠心を育てないのであれば、過剰な愛国心の存在は党にとって、国にとって、なんの役にもたたない、それどころか危険なだけだ。

こういうことでしょう。

鳥居 はい。

あのスタジアムの騒ぎのあとに、胡錦濤、江沢民、そしてほかの党幹部たち、だれもが任仲平の論文を思い浮かべたのではないかと思います。

向こう二十年のあいだ安定が一切を圧倒する。

任仲平はやみくもに二十年といったわけではありません。向こう二十年のあいだが、専門家が語るとおり、中国が先進国になることができるか、できないか、最後の機会となるのです。中国にはあと二十年が残っているだけです。二〇二〇年代の前半には中国の人口の増加は止まります。二十年さき、二〇二三年か、二〇二四年に中国の人口はピークになります。一五億でとまる。そして中国はそのあと人口は減りはじめ、急速に超老齢社会へと進みます。労働人口が相対的に減少していくなか、この増えつづける老齢人口を扶養していく経済負担は大変です。

現在でも、膨大な数の農村の人びとは医療保険、年金制度とは無縁です。都市人口の七割が決して十分とはいえない社会保障の恩恵を受けているだけです。

中国の指導者がこの事実をしっかりと見据え、向こう二十年のあいだに所得三倍増を実現しようと望んでいるのであれば、私がつぎのような想像をしても、なにをばかばかしいと笑われることはないいんじゃないかな。

八・七は「二つの党中央」の大きな争いに決着をつけるひとつのきっかけとなったのではなかったか。

九月十九日に終わる党中央委員会総会の決議がどのような文字で綴られることになるのかはべつとして、「二つの党中央」の存在を終わりにする強い意志が勝ちを占めることになると期待し、そうなるように願っています。

付け加えて、宮本昭彦さん、そして山本秀也さんのつぎの論文をぜひとも拝見したいと思っています。

金　ええ、安定が一切を圧倒するの提言が採択されて、「対日新思考」が復活し、「平和的台頭論」が生き返ることを私も希望したい。

（追記）

九月十九日に中国共産党の中央委員会総会が終わって、江沢民が完全に引退したことが明らかにされた。胡錦濤時代がはじまる。

新指導部は来年夏の抗日勝利六十周年記念日を一九九五年におこなったような日本憎悪の大キャンペーンとすることはよもやあるまい。向こう二十年を臨んで、中国の新指導部が平和的な改革と発展の道を歩むことをわれわれは期待したい。

（月刊正論、二〇〇四・一一月号）

金美齢氏

昭和九年（一九三四年）、台湾・台北市で生まれる。昭和三十四年、留学生として来日。早稲田大学第一文学部英文学科入学、同大学院文学研究科博士課程修了。ケンブリッジ大学客員研究員、早大講師、JET日本語学校校長などをつとめる。著書に『金美齢の直言』（ワック）、『凛とした日本人』（PHP）、『美しく齢を重ねる』（ワック）などがある。

中国共産党が日帝を打ち破った、と言われたら

二〇〇五年の九月三日、中国共産党の総書記、胡錦濤は抗日戦争勝利六十周年を記念する式典で、中国共産党の軍隊の対日戦への貢献を称賛した。ところで、その「講話」のなかで、今回はじめて「国民党軍隊」が日本軍と戦ったことに言及した。胡錦濤は国民党の軍隊が主体となって正面で戦ったのだと語り、共産党は敵後方の戦いを指導したと言ったのである。

国民政府の軍隊へのこのような言い添えは前にはなかった。これまで中国共産党の指導者たちは共産党の軍隊が抗日戦争を戦ったのだと自画自賛し、腐敗堕落した国民党軍は戦えばすぐに投降してしまったのだと嘲笑、蔑視してきたのである。

国民党の軍隊が主体となって正面で戦ったとはじめて語ることにしたのは、台湾の野党勢力の中核となる大陸系の人びと、その二世、三世を懐柔しようとしてのことである。化粧を直しての国共合作の呼びかけである。

多くの人を騙し、挙げ句の果てには恐怖と牢獄、無惨な死に追い込むことになった国共合作と「連合政府」の絵空事のすべてを承知してはいても、年老いた大陸系の退役軍人のなかには、

国民党の軍隊は正面、共産軍は後方で戦ったと北京の指導者が言ったと知って、共産党もやっとわずかながらも真実を認めるようになったか、もう一歩だと期待をかける人もでてこよう。

さらに一歩を進めることになれば、どんな宣伝をすることになるのであろうか。

二〇〇六年、二〇〇七年には、中国の指導者は、対日抗戦のあいだ、国共合作の大旗のもと、共産軍は「中華民国政府の軍隊」と協力し合って、日本軍と戦ったのだと主張することになるのであろうか。

そんな具合に喋りたいのは山々だが、それでは三歩、四歩の後退になってしまう。中国の指導者が「国共合作の大旗のもと」といった話をすれば、台湾の大陸系の国民党員は呆れるだろうし、日本、アメリカの研究者、批評家もびっくりして、だれもがその昔を思いだすことになる。

その昔を語ろう。

毛沢東が国共合作に期待したのは、合作や共同とはまさしく正反対、まったく逆のことだった。蔣介石の国民政府が日本軍に叩きのめされることを望み、漁夫の利を狙っていたのが毛沢東の本心であった。

かれのその考えをかれの部下たちのすべてがはっきりと知るようになったのは一九四〇（昭和十五）年のことだった。八路軍はその年八月から数カ月にわたって華北全域の交通線を破壊する戦いを敢行した。はじめての大規模な作戦であり、百個連隊を投入したということで、

「百団大戦」と呼ばれるようになった。ところが、延安の毛沢東がその戦いをやったことを怒った。

そんな戦いをやってしまって、国民党を助けるだけだとかれは憤激した。しかも、その戦いは最初の不意打ちは成功を収めはしたものの、そのあと大変な事態になったことから、毛の怒りはいよいよ激しいものとなった。

その翌年、一九四一（昭和十六）年から一九四二年にかけての日本軍の大反撃は共産軍を痛めつけた。五五万人の八路軍の戦力は三〇万人に減少してしまい、多くの政治工作員を失い、支配地域の面積は半減し、延安の財政状況は極度に悪化した。

中国共産党が力を回復し、支配地域を拡大しはじめたのは、一九四三年からである。毛の力量も他の幹部たちを圧するようになったことから、百団大戦を計画し、その総指揮をとった彭《ほう》徳懐《とくかい》を批判して、蔣介石を助ける戦いをやったと厳しく非難することになった。彭徳懐が文革のさなかの一九七四年に悲惨な死を遂げることになったのは、ここに遠因があった。

ところで、一九四三年から共産党が領域を拡大し、戦力を増強させることができるようになったのは、共産軍が日本軍にたいして積極的な作戦をまったくおこなわなかったからである。共産軍が戦いを仕掛けることをせず、支配する農村地域にとどまるのなら、日本軍も平和共存を選んだ。戦いはしたくなかった。アメリカ軍の全面的な反攻がはじまったことから、兵員も、武器弾薬も余裕があるなら、太平洋正面の戦場に送らねばならなかった。

ところが、アメリカが中国に長距離爆撃機の航空隊を置くことにして、日本本土攻撃の発進基地にしようとした。陸軍は建設中のこれらの基地を占領、破壊しようとした。こうして大陸を縦断する大作戦を実施することになった。中国でかつておこなわれたことのない大きな戦いとなった。

アメリカが飛行場を建設しようとしたのは当然ながら国民政府の支配領域であったことから、戦いは国民政府軍が相手となった。

一九四四（昭和十九）年四月半ばからその年の末までつづいた戦いは国民政府を大きく痛めつけた。蔣介石配下の全野戦軍の半数が撃破された。蔣介石にとってより大きな打撃は、かれの軍隊の士気の低さ、将軍たちの無能さ、かれの政府・党の腐敗ぶりが白日のもとにさらされて、アメリカ大統領とアメリカ軍首脳の信頼をいよいよ失ってしまったことだった。

それだけならまだ我慢できた。蔣介石にとって、なによりも我慢できなかったのは、日本軍が大陸縦断の大攻勢をおこなっているさなか、共産軍と政治工作員が、国民政府の軍隊が瓦解、退却したあとの広大な地域に浸透をつづけていることだった。日本軍は都市と交通線を支配するだけだったから、毛沢東が言うところの「蔣介石が捨てた土地」はたちまち毛沢東のものとなってしまった。これが「正面」の戦いだ、「後方」の戦いだといった総書記、胡錦濤の話の真実だった。

蔣介石を怒らせたことはまだまだあった。アメリカの副大統領は蔣介石に向かって、共産党の本拠、延安にアメリカの軍人、外交官を視察のために常駐させたいと要求した。かれの軍隊がだらしない負け方をしていたときだから、蔣介石は副大統領に向かって、「叛徒の山塞」に行く必要はないときっぱり拒否できなかった。

さらにかれを怒らせたのは、アメリカの軍人、外交官が中国共産党とその軍隊を称賛し、それに引き比べてといった調子で、国民党とその軍隊を非難、批判しだしたことだった。

それだけではなかった。アメリカの軍人と外交官が延安に行くようになってからは、毛沢東や周恩来、葉剣英《ようけんえい》らがアメリカ人に向かって、日本軍を追い払ってみせるから、国民党の軍隊に与えている武器をこちらにも回せと言い、共産軍支配地域にアメリカ軍の空挺部隊を降下させよと説き、毛と周は自分たち二人をワシントンに公式招待してくれとねだる始末となった。

毛沢東は国民政府が日本軍に痛めつけられているのに乗じて、自分の支配地を拡大したばかりでなく、アメリカを自分の味方に引き入れようとしたのだ。

たしかに毛沢東はアメリカを味方にすることには成功しなかった。だが、本当は見事に成功したのである。一九四四年にアメリカの外交官、軍人、新聞記者を延安に招いて、かれらを共産党の支持者にするか、協力者にしてしまったために、日本敗戦のあとの国共内戦がはじまってから、アメリカをして蔣介石援助に徹底して踏み出させないことになってしまったのである。

はじめに戻るなら、国共合作によって、中国は一体となって日本と戦ったといった話はとても口にはだせまい。

華北で、揚子江デルタ地域で、そして大陸縦断作戦で、国民政府の軍隊が日本軍によって叩かれたことが、毛沢東と共産党にとってそれこそ神風となった。それが国共合作を蔣介石に仕掛けた中国共産党のはじめからの狙いだったのである。

（諸君！、二〇〇六・二月号）

中国人の歪んだ〝愛国心〟は、小心翼々の裏返しだ——対談／徳川家広氏

鳥居　徳川さんの訳で三月に日本語版が出版された『中国　危うい超大国』（日本放送出版協会）は、今の中国を考える上で、非常に重要な論点を提示していると思いました。

徳川　著者のスーザン・L・シャークはクリントン政権の国務次官補代理として対中政策の中枢を担った女性中国政治研究者。この本を訳しながら、日本人にこそ読まれるべき本だと確信しました。

われわれ自身はあまり気づいていないのですが、近代中国にとって、日本はアイデンティティを確立するために必要不可欠な「他者」なんです。たとえば、台湾問題ひとつとっても、日清戦争がすべての発端になっています。

鳥居　いま日本では、伸張著しい経済力や、毎年一〇％以上とも言われる軍事費の急増などが、中国脅威論の核心になっている。しかしこの本はむしろ「中国の弱さ」を重ねて強調し、それゆえ「危険」なのだと主張します。原題は、『China:Fragile Superpower』、直訳すれば〝ひ弱な超大国〟。

徳川　そうですね。シャーク氏の主張を要約すれば、今の共産党政権にはかつてのような威信がもはやない。プロパガンダによって国をまとめ、現体制を維持する以外に生き残る道はなく、そのために、日本叩きは非常に効果的である。ところが、メディアの市場化やインターネットの普及が進んだ結果、世論がひとたび暴走すると歯止めが利かなくなってしまった。国内の不満を、排外的なナショナリズムに転化させる手法をこのままつづければ、いつしか、暴走する世論に押される形で対外戦争を引き起こしてしまうかもしれない……。説得力に富むのはやはり彼女のリサーチが非常に丁寧だからだと思いますね。

まぁ、われわれ日本人にとっては、あまり心躍るシナリオではないですよね。

鳥居　一九七二年、カーター政権で安全保障を担当したズビグネフ・ブレジンスキーの『The Fragile Blossom:Crisis and Change in Japan（『ひよわな花・日本――日本大国論批判』）』が出て大変話題になりましたが、題がよく似ていることもあって私はこの本のことを思い出したんです。かれはそのなかで、三年あとには日本は核武装すると言いましたが、その予言はもちろん当たりませんでした。シャーク氏のこの「危うい」中国も優れた中国論ですが、いま徳川さんが紹介されたように、中国は戦争に踏み出す恐れがあると予言しています。いきなり結論になりますが（笑）、私はこの予言も当たらないと思います。ナショナリズムが発火寸前まで熱を帯び、世論が反共産党に転化しようとすれば、最後には一九八九年の天安門事件、先ごろのチベット騒乱と同じように、共産党政府は武力鎮圧に訴えるんじゃないか、と思うのです。

徳川　あれだけのことをもう一回できるか、といえば簡単ではないと思いますが。

鳥居　なるほど天安門での民衆大弾圧によって、共産党政権は、国際社会から囂々《ごうごう》たる非難を浴び、大きなダメージを受けました。しかし、対外戦争に比べたらはるかにマシです。現在の中国経済は、年間の輸出入額の総計が二兆ドル、二〇〇〇億ドルもの貿易黒字で成り立っています。いくら一三億の民の〝ガス抜き〟をおこない、体制を維持するためといっても、戦争になってしまえば元も子もない。沿海地帯を支えてきた輸出は止まり、全世界で買い求めてきた石油、天然ガス、鉱石の輸入も止まる。経済は恐慌におちいり、皮肉なことに共産党政権がもっとも恐れる「亡党亡国」になりかねません。

徳川　なるほど、一部には同感です。今の中国のエリートの間に一種のコンセンサスが確立している。どれだけ国内の内輪揉めがあったとしても、アヘン戦争から共産中国成立までの「屈辱の世紀」の再現はどうしても避けたい、と。それが歯止めになるのではないか、と。もうひとつ。中国経済は、依然、かなりのスピードで成長しつつあり、放っておいても基本的には豊かになっていく。その意味で、戦争を積極的に起こす動機がじつは乏しい。かれらは「時の利は我にあり」と考えていると思います。

　たとえば、エネルギー効率の改善によって対外摩擦を解消していくという道も、中国には残されています。現在、製鉄所が鉄鋼一トンを生産するのに必要とするエネルギーを比較すると、中国はアメリカのじつに四倍にもなる。しかし、これを逆にみれば、技術革新によって資源獲得競争から身を遠ざける余地が十分にあるというわけです。実際、中国政府はその方針をはっきりと示しています。

鳥居　最初にシャーク氏の予言に疑問をぶつけてしまいましたが、彼女が説くことを見ましょう。一九九五年夏から翌年の春にかけて、中国のマスメディアは台湾に脅しをつづけ、中国軍は台湾海峡で軍事演習をおこない、ついには台湾の港の近くの水域にミサイルを撃ち込んだことがありました。シャーク氏はそのときに党指導部が国内でデモを許さなかったことに注目しています。もしデモが起こり、「懲罰せよ」「ミサイルをぶちこめ」と騒ぎ立てるデモ隊を力で抑え込めば暴動になってしまう。あるいは、大衆の叫び、怒号に引きずられ、台湾海峡で戦いをはじめてしまう恐れもある。そこではじめからデモを禁止したのだと彼女は判断します。

つぎに二〇〇五年四月の反日デモで明らかになった懸念について、シャーク氏は語ります。大衆がバーチャルなインターネット上で欲求を発散するだけでは収まらず、それどころか、それが現実の集団行動の準備となってしまったのだと警戒を説いています。

徳川　シャーク氏の言うとおり、中国共産党は、われわれが考えているよりずっと弱気だと思いますね。中華人民共和国の建国の父で、圧倒的なカリスマだった毛沢東の時代なら、国をまとめるために「反日感情」などを煽る必要はまったくなかったのです。でも、毛沢東が死に、開放経済が始まった八〇年代頃から、指導者たちは自信を失いはじめた。民主主義、多党制度が正しいんじゃないか。国民から大統領を選ばなくちゃいけないんじゃないか……。一種の疑心暗鬼がかれらをとらえはじめるのです。

鳥居　共産党の弱さといえば、面白い話があります。去年の十一月下旬、米空母キティホークが香港に寄港する予定があり、それを中国側が拒否したのがニュースになりました。中国サイドはその理由として、ブッシュ大統領がダライ・ラマと会ったこと、アメリカが台湾に武器輸出をおこなったことをあげた。

じつは寄港拒否の二週間あとに選挙が迫っていました。香港の立法会の補欠選挙は民主派と親中派の二人の女性の一騎討ちになりました。民主派から立候補したアンソン・チャンは、民主派の切り札とされ、二〇一二年の香港の首長選挙で完全な直接選挙を導入すべきだと主張しましたが、実現すれば、彼女の出馬が予想されています。北京の政府はそれを恐れました。なぜなら、広東省や福建省といった沿海地帯に首長民選の声が伝染するのではないかという恐怖があるからです。香港の首長選挙を先延ばしにしたい。どうしても親中派に勝たせたい。

そんなときにアメリカの空母と護衛艦の乗組員が香港に上陸し、すでに飛行機で香港入りしている家族たちと合流する。そこで北京首脳の「弱さ」がはっきり表れていると思うのですが、民主勢力の背後には必ずアメリカの存在があると恐れ、アメリカの空母の乗組員が香港に上陸すれば、民主派は勇気づけられると思う。香港は田舎町ではないし、空母の乗組員は水兵の制服で町に繰りだすわけでもない。ところが、こんなことが恐ろしい。そこで空母寄港を拒否した。ついでに申せば、選挙は民主派のアンソン・チャンが勝ちました。

徳川　中国共産党の小心翼々たる本音を象徴してますね。ただ、中国側の邪推、つまりアメリカが香港を民主化させ、それをテコに中国全部を民主化しようと画策しているというのは、あながち〝妄想〟とばかりはいいきれない。戦後日本やイラクでの政策にしてもそうですが、アメリカの政治エリートというのは、後先考えないで非常に冒険的なことをするのです。

実際、歴史を見ても、一九五九年のいわゆる「チベット蜂起」の際には、ＣＩＡ工作員をパラシュート降下させたりしている。北京の共産党指導部から見ると、国民党と結託した西側に包囲されているという感覚は依然として強いと思いますね。

ありうべき米中衝突のシナリオにおいて、中国側から拳を振り上げる展開はなかなか想定しにくい。しかし、米国防総省、あるいはラムズフェルド前国防長官のようなスタンスの人には、中国を自ら拳をあげざるを得ない局面に追い込みたい、という欲求があるでしょう。

鳥居　しかし中国の指導部はあまりにも物事をアメリカ陰謀説の文脈で語りすぎるのではないかと思います。張良編『天安門文書』（文藝春秋）を読むと、八九年の事件の際、最高首脳八人が異口同音に「外国人は悪党だ。中国を昔に引き戻そうとしている」「アメリカの陰謀だ」と言っていることに驚かされます。

徳川　「弱さ」に関して、もうひとつ怖いのは、指導部の〝小粒化〟です。シャーク氏も述べているように、毛沢東、鄧小平、江沢民、そして胡錦濤……。世代が下るにつれて、個性が薄れ、権威もカリスマ性も低下してきているのは明らかです。まして、次の世代となると、外国人の目にはもうほとんど区別がつかない。そうなると、ますます、強権頼みの危険性が高まるかもしれません。

鳥居　シャーク氏は二〇〇五年の反日デモを調べて、党指導部層で発言が食い違ったときには、デモをする側は指導部内のその内紛に乗じようとするのではないかと説いています。そしてデモのあったその四月に党指導部内で争いがあったのではないかとの疑問をだしますが、仄めかすに留めています。

こういうことです。全国各地のデモの再発を抑えつけた直後、江沢民の本拠、上海の党機関紙が「不法なデモだ、陰謀の産物だ」とデモを批判しました。シャーク氏は、〝江沢民は反日派の首魁ではないか。なぜ江沢民の支配下にある新聞が反日デモ批判を載せたのだろう〟と不思議がります。そのつづきを私が推理してみようと思います。

すべては上海市の党委員会書記だった陳良宇《ちんりょうう》が江沢民の承諾を得て仕組んだ謀略だったと私は見ています。詳しい説明は省略しますが、新聞に載ったその論文は、十六年前、あの天安門事件の年の同月同日、学生たちを激しく怒らせ、さらに大規模なデモを起こさせるきっかけとなった「人民日報」の社説と、まさしく瓜二つの内容でした。陳はこの煽動によって、暴力的なデモがさらに起きることを期待したのです。そしてデモ再燃のあとに総理・温家宝の最初の判断の甘さ、不用意さを追及し、彼を辞任に追い込もうとする計画があったのでしょう。結局デモは起こりませんでしたが……。

胡錦濤と温家宝もそんなことをされて黙ってはいません。翌二〇〇六年九月、陳良宇は逮捕されてしまいます。ですが、江沢民の後継者と目されていた人物を胡錦濤指導部が追放してしまって、争いはそこで終わるはずがありません。昨二〇〇七年十月の党大会の結果が明らかにしたように、胡錦濤主席は望んだ党指導部の一新はできなかったのです。

多くの人が気づいていないようですが、反日・愛国主義の利用が党指導部内の権力争いへと変わってしまう、もっとも大きな見本がこれです。

徳川　絶対的な権威者がいなくなり、指導部内が「どんぐりの背比べ」になると、「われこそは国益のゆるぎなき守護者なり」と国内に示すため、ことさらに虚勢を張る政治家があらわれるかもしれません。

一方、ナショナリズム増幅に及ぼすインターネットの影響力がこの本でも何度も指摘されています。たしかにネットの普及によって、情報量が増えるという側面もあるでしょう。ただ、九〇年代の東欧革命のように、自由世界の情報に接することが体制変革を促進する、ということにはならないと思います。

むしろ反日、愛国教育にもとづく悪い思い込みが、ネットがもたらす様々なノイズによって何倍にも増幅されてしまっている気がします。

東欧との比較でいえば、あの頃、西側と東側の間には目に見える経済格差がありました。しかし、今の中国、特に沿岸部の都市、北京や上海、広州などで暮らす人びとの中には、「日本を抜いた」と勘違いしている人も多いはずです。もちろん、そんなことはないんだけれども（笑）。むしろ、大変革のきっかけになるのは物価上昇などの現実的な要因ではないでしょうか。

もう一つ、ナショナリズムが刺激される要因として、意外に注目されないのが、「農村から都市部への人口集中」という問題です。村落共同体からは解き放たれ、しかも都市生活にも順応できない「個人」の群れ。共産主義ももはや信じるには足りない。アイデンティティが見出しにくい状況のなかで、ナショナリズムが求められるようになる。この角度は、シャーク氏の分析からもちょっと抜けていたと思いますね。

中国政府は二〇二〇年までには全人口の六割が都市や小都市に住むようになると主張していますが、日本の高度成長期のように、集団就職を斡旋するといった肌理《きめ》細やかな行政能力はない。そこから凶暴なナショナリズムが生まれる可能性は非常に高いと思われます。

シャーク氏の本を訳していてつくづく思ったのは、今の若い中国人にとって、本来「公民」や「歴史」があるべき場所に、「反日」がドカッと居座ったような教育をかれらは受けてきた。そもそも、この人たちの社会認識というのは、どういうものなんだろう。この世からもし日本がなくなったら、この人たちはどうするのだろう……。

最近、来日したシャーク氏に会い、チベット問題について意見を聞くことができました。彼女がいうには、「チベットと五輪が絡み合って世界中で反中ムードが醸成されたことで、かえって中国国内でも、全世界の華僑・華人社会でも結束できた」と。その点では、中国にとってはプラスだったんじゃないか。さらにいかにもアメリカ人らしいのですが、フランスのスーパーマーケット「カルフール」に対する不買運動が中国各地で起きたのは、「じつは、ちょっといい気味」だと（笑）。それは冗談だとしても、ヨーロッパ人もチャイナ・ファクターというものを真面目に考えなくてはいけなくなった、ともいっていました。

鳥居 チベット問題は時間が解決してくれるのではないかと中国共産党は期待しているようですね。ちょうど、東北地方に漢民族が移住していった結果、満州族、満州語というものが、次第になくなっていったように。

徳川 実際、現実的にはチベットの独立は難しいでしょうね。すでにチベットでは漢民族の人口の方が多くなっていますから。それに、国境地帯でいくつも民族紛争を抱えているインドにしても、〝悪影響〟を恐れてチベットの独立には「ノー」と言うでしょう。

鳥居 さて、チャイナ・ファクターと真剣に取り組まなければならない代表的な国といえばアメリカですが、米大統領選は依然混沌として先が見えません。もし、今の勢いで民主党が政権をとり、シャーク氏のような考え方がアメリカの対中政策に反映されることになると、具体的には何が起こるのでしょうか。

徳川 おそらく最初は、中国の言いなりになってはならない、という世論に押されて、強気に出るでしょう。しかし経済面を考えれば、強気一点張りも長くは続かない。最初の二年は強気、次の二年はプラグマティック、という感じになるのではないでしょうか？

このまま経済成長が進行して、民衆の不満を吸収してしまう豊かな国になってくれるのがいいのか。それとも、もう少し大人しい国になってくれるのがいいのか。簡単には結論が出ませんね。

鳥居　最後のまとめとしてシャーク氏はこう書いています。「中国社会が繁栄し、進歩するほど、共産党の指導層の危機意識は強まり、その行動も理性的なものから遠ざかっていく」――。そこで戦争を始めることになるのではないかと彼女は言うわけですが、はじめに語ったように私は、党指導部の人たちは党の支配を守っていこうという強い本能で動くと思います。それにしても、シャーク氏がこのように悲観的なのは、党全体を覆っている腐敗の問題、貧富の差の拡大、農地の農民からの収奪――それら中国の社会不安をかきたてている問題に、中国共産党の指導部が取り組むことができないと考えているからでしょう。

その点では、シャーク氏も多くの中国観察者と同じ悲観論者なのです。正直、私はうなずきもし、がっかりもしました。

徳川　まぁ、本に書いてある内容のほうが、シャーク氏本人より悲観的だと思いますね（笑）。本には、朱鎔基の「中国にとって一番の国際的脅威とは、アメリカ経済の破綻だ」というコメントが引かれていますが、それは結構中国共産党の本音だと思うんですよね。二〇〇五年の米中貿易額は二一一六億ドルにも上っているのです。米経済が悪化して、中国の巷に失業者がドッと溢れるという悪夢を既にみている、と思います。

鳥居さんが最初にいわれたように「結局は抑え込むんじゃないか」。そこに話は帰っていきそうですね。

鳥居　彼女の予言には承服できませんが、この本は中国と日本、アメリカ、台湾との関係を丁寧に調べたまことに優れた研究の成果です。中国は嫌いだ、好きだは抜きにして、広く読まれるべき本だと思います。

徳川　日本の政治・経済の中枢にはじつは親中派が伝統的に多い。みんな、『三国志』などの古典を読んで、中華文明に親愛の情を持っているのかもしれない。でも、それとは別の、現実の、今のリアルな中国というものを見なければならないということですよね。私もこの本を訳しながら、「自分も甘かったなぁ」と痛感いたしました。

（諸君！、二〇〇八・七月号）

徳川家広氏

一九六五年、東京都生まれ。翻訳家、評論家。慶應義塾大学経済学部卒。米ミシガン大で経済学、コロンビア大で政治学修士号取得。主な著訳書に『バブルの興亡』（講談社）、『自分を守る経済学』（ちくま新書）、マルキン著『ヒトラー・マネー』（講談社）、シャーク著『中国　危うい超大国』（日本放送出版協会）などがある。

反日教育はやっと用済みになるのか

この十数年、中国の若者の感情の大きな部分を占めてきたのは、歴史教育がつくり上げた愛国主義である。そこで北京オリンピック終了のあとには、この感情はどうなるのであろう。金メダルの数の多さを誇り、いまや中国は超大国になったのだと胸を張り、偏狭な愛国心をさらに燃えたたせることになるのか。

オリンピック開催のあいだに反体制の人たちによる抗議行動が起きれば起きたで、中国の興隆を妬む邪悪な国が背後で糸を引いているのだと怒り、若者たちはそれこそ清朝末期の義和団さながらの排外感情のとりことなるのか。

そして中国共産党と政府の幹部たちはこれらを見て、相好を崩すことになるのか。

そうはなるまい。指導者たちは、愛国主義教育がもたらした中国の安泰は、北京オリンピックとともに終わるのかと長嘆息することになるのではないだろうか。

中国の党と政府が愛国主義教育運動を大々的に展開するようになったのは、いまから十三年前の一九九五年だった。そのときに党総書記だった江沢民がやったことだ。

なぜそれをやったのか。中国に未曾有の混乱と災厄をもたらした大躍進運動や文化大革命を遂行したのは、ほかならぬ中国共産党だった。長いあいだ国民に強制をつづけた一連の教義を、弁解も謝罪もないまま、かなぐり捨ててしまったのも、同じ中国共産党だった。それでいながら中国共産党はなおも国民の代表者としての権利を持つのだと主張して、支配権を持ちつづけていかねばならなかった。

日本の侵略から中国を救ったのはわれわれだと国民に教え込む愛国主義教育運動こそ、中国共産党がしなければならない仕事となった。そして中国共産党は「人民の敵」をつくるのはお家芸だったから、その運動によってつくり上げた敵にたいして、国民の怒りを燃えあがらせるのはわけもないことだった。

一九八九年春の天安門事件のような、中国全土にひろがった党の独裁を非難する学生運動、知識人のアピール、全国の新聞記者一〇〇〇人の請願といった党の支配の根幹を揺るがす騒乱が二度と起きないようにしたのである。

その愛国主義教育運動を開始してから少し遅れてのことになるが、インターネットという新しいメディアが登場した。個人の意見の表明がいとも手軽にできるようになり、直接に自分の意見の書き込みができるようになって、中国共産党の言論統制に危険信号が灯った。

だが、党がインターネット世論を味方につけることに成功したのは、これまた愛国主義教育の成果だった。二〇〇五年三月に国連事務総長が日本の国連安保理常任理事国入りに前向きな発言をしたそのあと、日本を安保理常任理事国にするなという声を中国のインターネット上にあふれさせ、つぎには日本外交公館への襲撃となった。あるいはまた、今年四月には、チベット人を弾圧したことから、オリンピックの聖火リレーが各国で人権団体によって抗議されることになって、中国の若者たちの排外主義の爆発はインターネットにはじまり、街頭の騒ぎにまでなったことは、だれの記憶にもあろう。

さて、中国の愛国主義教育が成功してのこの十三年の安泰は、さまざまな摩擦、軋轢を生みながらも、経済発展がつづいてきたからなのである。

愛国主義教育の運動を大々的に開始したときに、中国のインフレは終息していた。輸入される原料と原油の価格は安かった。最大の輸出先、アメリカの景気は一貫して良好だった。中国には安い労働力がふんだんにあった。台湾、アメリカ、日本の企業を誘致し、工場を建設した。人民元のレートを安く抑えたから、輸出は増えつづけ、中国の商品は世界中にあふれた。中国は名実ともに「世界の工場」となり、この五年間には経済成長率は毎年一〇％を超すようになっている。

ところが、この「黄金の五年」の最後の年に、オセロ・ゲームのようにすべては一挙に変わった。インフレがはじまったのである。インフレを抑えようとして、人民元の対ドル相場を切り上げざるをえなくなった。しかもアメリカの景気は最大の後退期を迎えようとしている。おまけに素材、食糧、原油価格が高騰、労働者の賃金も上がっている。そこで多くの経済記者が語るとおり、広東省東莞や山東省青島へ進出していた台湾や韓国系企業の工場は閉鎖、撤退し、よその国へと移転しているのである。

産業の空洞化がはじまる一方で、消費者物価は上昇し、庶民の不満はつのる。大卒者と退役兵士の失業は増えていこう。このような事態になっても、これまでと同じように、ネット上では、胡錦濤は日本にたいして軟弱だ、国辱ものだ、アメリカにたいして弱腰だと叱咤する愛国主義の叫びがつづくのであろうか。

恐ろしい声が聞こえてくる。資本主義反対の罵声、毛主席万歳の歓声だ。そして権力を持った貴族階級にたいするはるかに大きな怒声がこだまする。

やはり、中国指導部の首脳たちは、十三年の愛国主義教育がもたらした小康は、「百年の盛事」の北京五輪とともに終わるのかと長嘆息することになるであろう。

（諸君！、二〇〇八・九月号）

江沢民と胡耀邦

昨年（二〇〇九年）十月一日、中国の建国六十周年に国家主席胡錦濤と前主席江沢民が天安門の壇上に並んで立ち、軍のパレードを閲兵した。翌日の『人民日報』は第一面にこの二人の写真を掲げた。

前主席ではあれ、完全に引退したはずの江沢民が公式の式典に現指導者とともに立つというのは、不思議な光景だった。もちろん、江は自分の指導力が現政権に及ぶことを内外に示そうとしての無理強いであり、それを支持する幹部が党中央にいてこそ、できたのだった。

半年のち、不思議なべつのことが起きた。

四月十五日の『人民日報』国内版の第二頁に首相温家宝の胡耀邦を回想する文章が載った。胡の清廉潔白さ、つねに人民のためを思っての仕事ぶりを叙述した。病に倒れた胡を見舞い、死亡の知らせを受け、病院に駆けつけたのだと書いた。胡は二十一年前のこの日、四月十五日に死去したのだ。そして温は、毎年、旧正月に胡の遺宅を訪ねているのだと記し、この回想文の最後を結んだ。

中国共産党の機関紙に首相の温が元総書記の胡についての回想を掲げ、かれとの繋がりを記述し、かれへの尊敬の念を明らかにしたのは、容易ならぬ出来事だった。前主席の江が現主席の胡と並んだ写真を掲載したこととと、両立できない事柄だったからだ。

こういうわけだ。胡耀邦は一九八七年に総書記の地位を逐われた。かれの死のあと、学生たちの追悼デモは執政党の保守勢力にたいする非難攻撃に転化した。そして六月四日の血の惨劇となって終わった。

胡耀邦を追放したのは、鄧小平と保守派の党長老だった。それから二年半あとに天安門弾圧を決めたのも同じ顔ぶれだった。そして鄧小平のあとを継いだ江沢民はどちらの決定にも関係してはいなかったが、鄧と保守勢力の忠実な支持者となった。そこでかれは自分の統治時代に胡耀邦の称賛を許さなかったし、胡錦濤が総書記となってからも、江の部下たちはそのような動きを阻止してきたのだった。

ところが、昨年十月一日に示威行動をして見せたあと、十一月末、江はさらに出しゃばったことをした。ものものしい意見書を党中央政治局員から候補中央委員までに送りつけた。これが党内の非難と反発を呼んだ。かれの部下たちもかれから離れた。年老いた江は後継ぎの陳良宇を失い、実際には力を失っていた。

温家宝のその文章が党機関紙に出てから二週間あとの四月三十日、上海で万博開会式典が開かれ、胡錦濤が開会を宣言した。江沢民の姿はなかった。だれもが知るとおり、上海は江の政治基盤だった。上海に万博を誘致しようと努めたのも、かれだった。だが、前夜祭翌日の開園式にもかれの姿はなかった。

ところで、胡錦濤と温家宝に対立する政治集団はまたべつにある。江勢力と同盟を結んでいた「太子党」と呼ばれるグループだ。かつての党指導階級の子弟たちは政財界の主要ポストに就き、互いに密接な関係を保っている。かれらが中国で批判される「特殊利益集団」の本流なのだ。

そして、かれらは自分たちこそ指導階級との意識を持ちつづけ、自分たちの父親の名誉を守るためには、天安門事件を見直したり、公の検証を許したりしてはならないと考え、胡耀邦の名誉が回復されれば自分たちの外堀を埋められることになると警戒してきた。

これにたいして、胡錦濤と温家宝は民主改革の偉大な推進者であった亡き胡耀邦を持つことが大きな政治資本となる。胡耀邦は中国共産主義青年団の指導者であり、「団」出身の温家宝については前に見たが、胡錦濤もまた胡の配下だった。そしてかれらの部下たちも「団」の出身であり、中央、地方の幹部となっている。中国の大きな矛盾の解決に取り組むのはかれらとなるのか。

それとも「共青団」と「太子党」の対立は、既成の上層階級と上層階級に成り上がろうとする者たちとのあいだの争いと手打ちが繰り返されるドラマになってしまうのだろうか。

（月刊正論、二〇一〇・七月号）

尖閣危機でほくそ笑む国有石油会社と人民軍

八月（二〇一二年）から尖閣諸島の問題をめぐって、日中間に対立がつづいている。これをもっとも喜んでいるのはだれか。

日本側で喜んでいる者はいない。喜んでいるのは中国側だ。その筆頭は中国海洋石油、そして中国軍部であろう。

それらについて記す前に、中国の指導部がどう見ているかを記述しよう。

八月、九月、中国各地の都市で反日デモが起きた。もちろん、すべては上からの指導があっての官製デモだった。青島や蘇州で破壊、放火された工場や店舗があったが、狼藉を働いた「暴徒」にしたところで、その正体が警察の隊員であったとしても、だれも驚かない。

ところで、胡錦濤党総書記と温家宝首相は全国で反日デモを展開するにあたって、一再ならず思い浮かべた出来事があったはずだ。前回の反日デモのとき、そのデモを利用しようとした未発の政変である。前回とは七年前の二〇〇五年四月の反日デモだ。

簡単に説明しよう。江沢民前総書記が背後に控え、江の配下の曽慶紅《そうけいこう》国家副主席と陳良宇上海市党委書記が指揮をとった陰謀があった。かれらの魂胆は、はじまっているデモを十六年前の一九八九年四月から全国各都市にひろがった学生デモと同じようにもっていこうということだった。この当時、デモに理解ある対応をしたのが趙紫陽党総書記だった。強硬な態度で臨もうとしたのが李鵬首相だった。そして李鵬首相とその背後の鄧小平は六月四日に軍隊を出動させてデモを鎮圧し（第二次天安門事件）、趙紫陽を追放し、かれの政治生命を断ったのだった。

さて、二〇〇五年の四月、曽慶紅と陳良宇の両者は学生デモを更に激化させる考えだった。混乱を起こさせ、それを収拾したあと、学生デモに理解を示した温家宝の政治責任を追及し、彼を逐《お》い、政府を乗っ取ろうと図ったのだ。陳良宇はおとなしく待っていさえすれば、二年あとには政治局常務委員にはなれたのだが、この機会にこそ、胡・温体制を叩き潰し、江沢民勢力の政権を確立しようとしたのだ。だが、この試みはあっけなく失敗に終わった。

そのあとのことを記しておこう。胡錦濤党総書記と温家宝首相が逆襲にでた。念入りな準備をして、翌二〇〇六年、曽慶紅の長男の大きな汚職問題を取り上げるぞと脅しにでて、曽を身動きできないようにさせた。その上で陳良宇・上海市党委書記を捕らえた。今年、重慶市の党委書記、薄熙来が失脚したとき、それを観察していた新聞記者や研究者が思いだしたのが、六年前の陳良宇の没落だった。

ついでにもう少し記述しよう。陳良宇の入獄ですべては終わらなかった。江沢民派の重鎮、というよりは「紅二代」、いわゆる太子党の代表でもあった曽慶紅が復讐にでた。翌二〇〇七年、曽は自分の引退と引き換えに習近平をつぎの党指導者の椅子へと押し上げた。李克強副首相を自分の後継者にしようとしていた胡錦濤党総書記の鼻をあかしたのである。

念のためにさらに付け加えよう。産経本紙の北京特派員、矢板明夫が今年三月に上梓した習近平論は『習近平　共産中国最弱の帝王』といった題をつけている。台湾の論壇でも注目されたタイトルであったが、矢板が「最弱」と指摘した理由のひとつは、習を引き上げた後ろ楯であるべき曽慶紅が完全に力を失ってしまったことであろう。

曽慶紅の豪腕もいまは消え失せた。オーストラリアのシドニー第一と噂される豪邸を買い取った長男を訪ねるための出国の許可が一度ならずおりないのだと言われている。

ついでにもうひとつ、付け加えよう。この九月の上旬から中旬にかけて、習近平の動静が二週間にわたって途絶え、さまざまな臆測が拡がったことはだれもが記憶していよう。なによりも「最弱の帝王」といった言葉を思い浮かべる人は多かったにちがいない。

脇道に入った。主題に戻ろう。

今回、反日デモがつづくあいだ、胡・温指導部は追放した薄熙来を支持する人びとの動きを警戒したのであろうか。指導部の懸念はべつにあったように思える。薄熙来を支持する人たちの策動、そして薄熙来の政治復帰を警戒し、かれを完全に葬るためにかれとその妻の破廉恥な行動をネットを通じて漏らしつづけた。だが、それは党の最高幹部の何人かが懸念したように、なによりも大切な、絶対に守らなければならない党の尊厳を大きく傷つける行動だった。

八月に尖閣諸島の問題に火をつけることをしたのは、薄熙来夫人の裁判にあわせてのことだったのであろう。日本はけしからん、日本は憎いという感情を巻き起こさせ、ほかの疑問や批判が起きるのをしばらくのあいだ予防したのである。つづく九月に日本政府が尖閣諸島を国有化したことは、胡・温指導部にとって、願ってもない幸運であったのは言うまでもない。

さて、最初に記したことだが、尖閣諸島でごたごたがつづいて、喜ぶのは中国海洋石油（総公司、ＣＮＯＯＣ）と中国軍部である。

中国海洋石油から記述しよう。

中国海洋石油は中国の国有会社だ。エドワード・ステインフェルドというアメリカＭＩＴの政治学者が二〇一〇年に上梓した著書のなかで、中国海洋石油は中国で一番最後まで残る国有会社になるのではないかと述べたことがある。

世界銀行と中国国務院系のシンクタンクは今年二月、中国経済の明日を検討した報告書を発表した。報告書は肥大化し、独占的権益を享受している国有企業を批判し、それら国有企業の民営化を求めている。だが、国有企業のボスたちは現状を変えることには絶対に反対だ。この提言は倉庫に放り込まれ、国有企業優先の世界は明日もつづくことになろう。中国海洋石油は国有会社でありつづける。

さて、中国海洋石油のことになるが、この国有企業は尖閣諸島があってつくられた企業である。そして中国海洋石油があってこそ、尖閣諸島は中国領土だ、日本に「盗まれた」のだと言うようになっている。

だれもが知るとおり、一九六八年に国連の下部機構が尖閣諸島周辺の東シナ海の海底に豊富な油田、天然ガス田がある、ペルシャ湾並みの埋蔵量であろうと発表して、それまで尖閣諸島を日本の領土と認めていた中国政府が態度を一変し、尖閣は中国領だと言いはじめた。

一九七八年に鄧小平が政権を握った。それより二年前に毛沢東が没したことが、かれの復活の機会となった。絶対の独裁者の毛が死んでしまえば、鄧小平以上に断固とした行動ができる者は他にいなかったから、かれはたちまち最高実力者になった。

翌一九七九年の一月下旬から二月のはじめにかけて、かれはアメリカを訪問し、その帰途、日本にも立ち寄った。かれはカーター・アメリカ大統領、大平正芳首相をはじめ、両国政府の幹部たちに向かって、「ベトナムを懲罰する」と繰り返し語った。ベトナム軍がカンボジアに侵攻したのがけしからぬという口上だった。

鄧小平が狙ったのはベトナムが同盟を結んでいたソ連だった。中国の主敵はソ連であるとアメリカと日本をはじめ、全世界に見せつけることが本当の狙いだった。東京では鄧小平は自民党の幹部たちに向かって、北方四島を取り戻すべきだと煽動さえしたのである。

鄧小平が北京に戻って十日足らずあと、二月十七日の未明からベトナムにたいする十日間だという触れ込みの戦いを開始した。戦いをはじめた鄧小平は日本の新聞人と会う余裕があった。以前に記したことがある挿話を繰り返そう。かれは共同通信の社長につぎのように語った。

「台湾のアメリカとの貿易額は年間七〇億ドルから八〇億ドルだ。中国はこんなに大きいのだから、台湾の貿易額の三倍、一〇倍はあっても不思議はない」

その前年、一九七八年の中国のアメリカへの輸出額はわずか三億ドルだった。そのとき台湾の企業家が福州や廈門でアメリカ向けの婦人靴をつくりはじめていたが、鄧小平はまったく自信がなかった。かれは一九五〇年代から一九七〇年代までのあいだに中国の農民、労働者の怠け癖を見てきたから、自国民の勤労意欲は低いものと諦めていたのだし、私企業にたいする抑圧、制圧をつづけてきたから、自由市場の原理に適応できる企業家などでてくるはずはないと見くびっていたのである。

かれは共同通信の社長には明かさなかったが、自分の構想を持っていた。かれがそのとき思い描いていたのは、ソ連やペルシャ湾の国々、北海油田の成功で好景気のノルウェーのようになりたいと思っていた。尖閣諸島周辺の水域を含む東シナ海、そして南シナ海に海底油田、天然ガス田がある。これを開発し、資源大国になろうというのが鄧小平の夢だった。

ところで中国は海底油田の探査、採掘の技術を持たなかった。掘削施設を持つアメリカの企業の援助が必要だった。だが、アメリカ政府と軍部は中国政府を信用していなかった。鄧小平の中国はアメリカの信頼できる味方であり、ソ連を仇敵としている事実をアメリカの政府と軍部の幹部たちにしっかり見せつけなければならなかった。それがベトナムにたいする「懲罰戦争」だった。

アメリカ人にとっては、南ベトナムの首都だったサイゴンのアメリカ大使館の屋上からヘリで脱出する人びとを写した屈辱の写真は、まだなまなましい三年前の出来事であったから、ベトナムを「懲罰する」という鄧小平の話はなかなか面白かった。そして中国がソ連と正面切って敵対するようになることは、アメリカにとって大いに満足できる世界戦略地図の一新紀元だった。

そして鄧小平はさらにアメリカと秘密めいた関係をつくろうとした。かれはワシントンでアメリカの軍首脳に向かって、ベトナムを「懲罰する」戦いをはじめて、ベトナム同盟国のソ連が中ソ国境で小さな戦いを仕掛けることがあるかもしれない、偵察衛星で調べたソ連軍の動きを逐次、中国側に伝えて欲しいと言った。「懲罰戦争」を開始して、中国大使の柴沢民《さいたくみん》は毎日のようにホワイトハウスを訪ね、アメリカの国家安全保障問題補佐官のズビグネフ・ブレジンスキーからソ連軍の情報を得たのだった。

鄧小平はソ連軍がベトナム支援の行動にでないように空軍の使用を慎んだ。ところで、その「懲罰戦争」は中国人の人的損害が異常に大きかった。戦死傷者は六万人にのぼったと言われた。計画通りに「懲罰戦争」は進まず、十日の戦いは遅れ、三月五日からベトナムに侵入した中国軍の撤退がはじまった。ソ連軍は軍事行動にはでなかった。

鄧小平は「懲罰戦争」のあいだにあれこれ言いまくったが、その狙いは最初に述べた通り、アメリカ政府と軍の信用を勝ち得て、アメリカの石油企業の中国進出を解禁させることにあった。いろいろの曲折があり、そのための中国の国有会社、中国海洋石油が発足したのは一九八二年二月になってだった。

ところが、鄧小平の思惑は大きく外れた。中国海洋石油は鄧小平が期待したように、ロシア国営の天然ガス会社、ガスプロムにはなれなかった。海南島の沖や尖閣諸島の近くの水域で試掘を繰り返したものの、ペルシャ湾クラスの油田、ガス田を掘り当てることはできなかった。

中国は資源大国、エネルギー大国になることには失敗した。ところが、中国は日本、アメリカ、欧州の投資に支えられて「世界の工場」となった。鄧小平の嬉しい誤算、予想外の結果だった。そして中国の経済の大きな成長に押されて、中国海洋石油は威勢のいい企業となった。日本の新聞にも何回か大きな記事がでたので、記憶されている読者も多いだろう。七年前のことになるが、この会社はアメリカの大手の石油会社ユノカルを買収しようとしたことがある。予定された買収金額は日本円にして二兆円だった。アメリカの上院が専制国家の国有会社による買収に反対したことから、失敗に終わった。今年八月にはカナダのこれも大手の石油会社ネクセンの買収に乗り出した。買収金額は一・一兆円と言われる。

そして中国海洋石油が南シナ海で本格的な攻勢を開始したのは、今年の五月からだ。

南シナ海には西沙、中沙、南沙の三つの諸島がある。英語名はパラセル、マックレスフィールド、スプラトリーである。

中国は海南島にいちばん近い西沙諸島を実効支配し、ベトナムやフィリピンの主張や抗議を受けつけないでいるが、もとはと言えば、南ベトナムに駐留していたアメリカ軍が撤退した翌年の一九七四年のはじめ、南ベトナム政府が気落ちしているのに付け込み、南ベトナムが支配していた島のひとつを中国軍が実力で占拠したのがはじまりだった。

そしていちばん南の南沙諸島が中国海洋石油が狙う本命である。南沙諸島は南部ベトナム、フィリピンのルソン島とパラワン島、さらにマレーシアのカリマンタン島に囲まれたなかにある。二百を超える小さな島と岩礁がある。一九八八年に中国軍がその島のひとつを攻撃し、ベトナムの少数の守備隊員を殺し、中国の支配地とした。こうして中国は南沙諸島にも覇権をひろげ、いくつかの島嶼、岩礁を支配するようになっている。もちろん、ベトナム、フィリピン、マレーシアがそれぞれ自国領と主張し、現実に支配している島が散在している。

今年の四月、この南沙諸島のフィリピンの沖合にある岩礁のひとつで、フィリピンの艦船と中国の艦船が睨み合いをつづけるいさかいが起きた。中国側が大きな行動にでた。五月のはじめ、中国海洋石油の会長が南シナ海の深海で石油と天然ガスの掘削探査をはじめると発表した。「領海主権を守るための貢献」だと言いもした。

ベトナムはうかうかしてはいられないと警戒を強めた。六月二十一日、ベトナム政府は西沙と南沙の二つの諸島がベトナムの主権下にあるとする新しい法律、ベトナム海洋法を制定した。中国側は待ち構えていた。同じ日、中国政府は海南省のもとに三沙市をつくったことを発表した。三沙とは西沙諸島、中沙諸島、南沙諸島を合わせての呼称である。一般人の渡航を禁じているから、一〇〇〇人といわれる住民は軍と政府の人員であろう。中国政府は西沙諸島の永興島に三沙市の市政府を置き、さらに中国国防省は三沙市全体に新たな警備区を設置したと発表した。

ベトナムと中国の双方は相手を非難し合うお決まりの争いがつづくことになる。ベトナム側がベトナム海洋法をつくり、中国側が三沙市を設けた二日あとの六月二十三日、南シナ海を自分のものにしようとする本当の主人公、中国海洋石油が改めて登場した。南沙諸島とベトナムとのあいだの水域に資源開発区を設定し、外資系の企業に向かって、石油や天然ガスを共同探査、開発する国際入札を呼びかけた。

ベトナム政府は憤激し、中国海洋石油が国際入札を呼びかけた水域はベトナムの排他的経済水域の内にあると主張した。そしてベトナムの国営石油会社の最高責任者は記者会見を開き、中国政府に国際入札の即時中止を要求した。もちろん、ベトナムもベトナムの近海に鉱区を設定し、外国の石油開発会社に連携を呼びかけている。

フィリピンも同じだ。パラワン島近海の石油・ガス鉱区の国際入札をおこなっている。この十月のはじめ、フィリピン政府はアメリカ政府と協議し、パラワン島にアメリカ海兵隊のローテーション展開をする取り決めを結んだ。すでに両国の海軍部隊はパラワン島の水域で合同軍事演習もおこなっている。

だが、領有権の争いがある水域には、リスクを恐れ、入札に応じる外国の石油開発会社は少ない。日本の石油開発会社は尻込みする。だからといって、開発資金の乏しいベトナムやフィリピンは自主開発ができない。こうして中国海洋石油は南沙諸島海底の石油と天然ガスをゆっくり我が物にするつもりなのだ。

そこで、この八月にはじまった尖閣諸島をめぐっての日本との争いは、中国海洋石油にとってなによりも喜ばしい。中国政府が日本に一歩も引かない態度を示していることは、フィリピンとベトナムに大きな教訓を与えることになると見ていよう。

アメリカの国務長官、国防長官が尖閣諸島は「日米安保条約の範囲内」と明言している。もちろん、中国海洋石油の首脳たちは尖閣諸島を占拠して欲しいと軍部に望んだりはしない。中国海洋石油の願いはただひとつ、東シナ海のガス田を自分だけで開発、掘削し、利益を独り占めすることだ。日本と共同開発をすると決めた約束を反故にすることだ。

共同開発の条約締結の交渉をすると中国側は約束したが、会談は中断されて丸二年になる。二〇一〇年に尖閣諸島の水域で中国の漁船が日本の監視船に体当たりをした事件が起きたあと、条約締結の交渉の延期を中国側は発表した。今年五月に野田佳彦首相が北京で温家宝首相に交渉の早期再開を求めたが、「双方の意思疎通を図りたい」と温首相に逃げられた。そのあと尖閣諸島をめぐってのごたごたがつづき、中国側は尖閣諸島を日本に「盗まれた」と声を張りあげているのだから、日本との共同開発なんか、もはやありはしないと尻をまくることになろう。

尖閣諸島をめぐるいざこざの最大の受益者は、最初に記した通り、その誕生にはじまり、いまもなお中国海洋石油なのである。

尖閣諸島の問題を取り上げ、胡・温指導部に圧力をかけてきた大きな組織があるはずだ。言わずとしれた中国軍部だ。

日本やアメリカの政府や軍の指導者が中国を訪れ、胡錦濤、温家宝といった指導者と会談するときに、中国軍部は決まって自分の存在を見せつけるようになっている。新型航空機のデモ飛行をおこなわせてみせたり、艦艇の一隊が沖縄の島のあいだを通り抜けてみせるということになる。日本の外相やアメリカ国防長官に見せつけるだけではない。自国の党最高幹部たちにたいする誇示なのでもある。

軍事費はこんな具合に使っている、軍事費はもっともっと必要なのだというプレゼンテーションなのである。

だれもが知るとおり、中国の軍事費はアメリカの軍事費に次いで世界第二位だ。しかも、公表された軍事費はその一部に過ぎず、実際の支出はその二倍、三倍にのぼると見られている。そして毎年の公表されている軍事費の伸び率は前年比二桁に達する。公表されていない軍事費も当然、前年比二桁の伸び率なのであろう。

十二年前、二〇〇〇年の公表された軍事費は一二〇〇億元だった。翌二〇〇一年は前年の一九・四%増し、一四四〇億元だ。つづいて二〇〇二年は一七〇〇億元、前年の一八・四%の伸びだ。二〇〇三年は前年の一一・七%増、二〇〇四年は一五・三%増、二〇〇五年は一二・五

%増、二〇〇六年は二〇・四%増、二〇〇七年は一九・三%増、二〇〇八年は一七・六%増、二〇〇九年は一八・四%増だった。

二〇一〇年はまったく珍しく、それまで二十年のあいだのはじめての一桁増、七・八%だった。だが、二〇一一年には前のように二桁に戻り、前年の一一・七%増、今年は一一・二%増なのである。

今年は六七〇二億元だという。十二年前の二〇〇〇年の軍事費と比べて五倍になる。公表されていない軍事費もこの十一年間に五倍になっているのであろう。この公表されていない軍事費は軍需工業の育成に投じられてきたのだと専門家は見ている。中国兵器工業集団公司、中国船舶工業集団公司、中国航空工業集団公司、そしてミサイルを開発、製造している集団公司、さらには核兵器をつくっている集団公司まで、巨大な軍需産業をつくりあげた。いまから半世紀前、アイゼンハワー大統領が退任直前の演説で警告した産軍複合体が、いま中国にできあがっている。

さて、だれもが知るとおり、中国の高度成長の時代は終わった。前に記したところの鄧小平の嬉しい誤算の三十年は完全に終わった。

ひとつ、ふたつ、取り上げよう。中国の太陽光電池メーカーは育成すべき第一の高度科学技術産業であるということで、中国政府は巨額の補助金を注いできた。そこで各メーカーは際限もない投資を重ね、この十年のあいだにその安値の製品はアメリカ、ヨーロッパ、日本を席捲し、アメリカの太陽光電池メーカーは中国勢との競争に敗れ、いずれも倒産した。そして中国の太陽光電池メーカーの筆頭、サンテック・パワー、中国名、尚徳電力は太陽光電池の生産で世界シェア一位を誇るようになった。ところが、ヨーロッパの経済が落ち込み、サンテック・パワーをはじめ、中国すべての太陽光電池メーカーは設備過剰、供給過剰、在庫があふれる状況となってしまっている。

サンテック・パワーのアメリカでの株価は二〇〇七年には八五ドルをつけていた。現在、一ドル以下に落ち込んでしまっている。

これまた過剰な設備をかかえている鉄鋼業を見よう。鉄は国家だという観念は先進国の役人や経済人はいまは持っていない。ところが、中国の党幹部にとっては生きた金言であり、製鉄所は地方経済を支える柱となってきたことから、地方の党委書記は中央の正式認可を得ることなく、小型高炉をつくるのを奨励してきた。

中国の鉄鋼生産能力は年間八億トン、世界生産量の半分に近い。そしてその生産能力の半分以上は中央の許可を受けていないのだといわれる。景気が落ち込み、鋼材の在庫は増えつづけ、操業をやめざるをえなくなっている。それでも、高炉の火を落としてしまったら、つぎに火入れをするときに莫大なカネがかかるから、どこの小型高炉も火を落とさないようにしている。ところが、中国鉄鋼の最大手、宝鋼集団が二〇〇七年に操業をはじめた上海の最新鋭の高炉の稼働をこの九月に停止した。やがて数多くの地方の製鉄所があとにつづくことになる。

太陽電池メーカー、鉄鋼業、そしてすべての製造業の業績が悪化をつづけ、金融機関の不良債権が拡大していけば、これまで隠されてきた地方政府の厖大な債務が明るみにでる。そして中国社会のもろもろの矛盾、歪《ひず》みが表面に噴きだすことになる。

中国軍部の首脳、産軍複合体の最高幹部たちは、国民総生産は二桁の伸び率ではないか、軍事費も二桁の伸びであって当然だという理屈をこれまでは通してきたのであろう。だが、この先、軍事費の伸び率は二桁にせよと党指導部に要求することはとてもできなくなる。それでも一桁増を譲るわけにはいかないと頑張ることになるのだろうか。

そこで尖閣諸島の問題を取り上げることになるのだろう。日本が大口を叩くのは、アメリカ海軍がジョージ・ワシントンとジョン・C・ステニスの二つの空母機動群を西太平洋に展開するようになっているからだと主張し、沖縄には第五世代戦闘機、F35が配備されるようになるからだと説き、これまでと同じように軍事費は増額して欲しいと要求することになるのか。それこそ「最弱の帝王」ときめつけられた習近平指導部が明日には直面することになる問題である。

尖閣諸島をめぐる緊張は、中国海洋石油の首脳陣にとって、そして中国軍部、その奥の院の産軍複合体の最高幹部にとってこそ、必要なのである。

（月刊正論、二〇一二・一二月号）

3　初期エッセイ

周恩来の奇跡のドラマ――周恩来小伝

中国の積極外交が世界の脚光を浴びる中で、ひときわ注目をされるのが、今や実質的な中国の指導者といわれる周恩来首相の存在である。中国共産党の創立以来五十年、人民共和国の成立以来二十二年、党内、国内の権力は転々としたが、ただ一人、周恩来首相だけは常に指導部の第一線にあった。ために、〝不倒翁〟の異名までとっている。なにが彼をして、常に主流たらしめたのか、その秘密をさぐってみよう。

周恩来が生まれたのは、一八九八年、江蘇省の淮安《わいあん》市である。周一族はこの地方に広い領地を持つ、古くからの名家であった。母親は若くして世を去り、父親は定職を持たず酒を飲んではグウタラしていた。そこで周一族は親族会議を開き、満州で警察署長をしている伯父に周恩来をひきとらせることになった。こうして幼少期から他家のメシを食ったことが、周恩来に小さいときから困難な状況のもとでも人間関係を保っていく能力を体得させたのだといわれる。

周少年に社会に対する目を開かせたのは、彼が入学した南開中学の校長であり、自由主義者として有名な張伯苓《ちょうはくれい》である。張校長の指導のもとに、彼は学問に、学生新聞に、演劇に、腕をふるった。

一九一七年、中学を卒業した十九歳の周恩来は、京都大学に留学していた先輩の韓を頼って日本にきた。しかし、この時中国は、諸外国から次々と帝国主義的侵略を受けていた時代である。中国解放の夢に燃える彼は、ノンビリ学問をする気にはなれず、結局どこの学校にも正規には入らず、もっぱら留学生たちと、祖国のために何をなすべきかを論じあう日々がつづいた。

この間、中国を劣等国とみなす日本人たちから受ける屈辱もあって、周は日本に対して好印象を持つことができなかった。彼が日本で学んだ最大のものは、河上肇の論文を通してのマルクス主義だった。そして、

「革命以外に中国を救う道はない！」

と仲間たちに力説するようになっていった。

留学二年目の一九一九年、中国では名高い五四運動が起きた。中国各地で、ゼネスト、デモ、焼き打ちがまき起こっていた。そして、彼のもとに一通の短い手紙が南開中学時代の旧友から届いた。「わが国の危急存亡の秋《とき》に、学業をつづけて何の役にたつのですか？」

翌日、彼は日本をたって祖国に向かった。旅費は韓夫人が指輪を売って作ってくれたものだった。

天津に戻った周は、激しい学生運動の渦中に身を投じ、すぐに中心的なリーダーとなった。天津学生連合は日刊紙を発行し、運動を指導していた。彼はこの編集長におさまり、新聞の編

集とストライキの組織で、連日目まぐるしく動きまわっていた。その年の十一月、新聞は発刊停止を命ぜられ、翌年一月、周恩来は逮捕投獄された。

この苛酷な時代に、彼の心を慰めたのは、鄧穎超《とうえいちょう》という年若い女子学生だった。彼女は女子学生の組織である天津女子愛国連合のメンバーの一人だった。小柄で愛くるしい穎超は学生運動家の間でも人気者だったが、闘争の中で周と結ばれていった。

五年後に広東で結婚してから四十六年間、二人は〝中国共産党の最も模範的なカップル〟といわれるほど、むつまじい夫婦仲がつづいてきた。毛沢東夫人の江青ほど目立つ存在ではないが、彼女も学生時代からの一貫しての闘士で、現在も党中央委員の要職にある。周恩来の超人的な活躍のかげには、穎超夫人の公私にわたるバックアップがあったことも見逃せない。この二人に欠けるところがあるとすれば、子ども運にめぐまれなかったことぐらいだろう。

出獄した周は、パリに留学した。しかし、ここでも日本におけると同様、学校には顔を出さず、もっぱら留学生たちの間で革命論議をたたかわしていた。

彼はパリ、ベルリンをまたにかけて飛びまわり、ついに中国共産党の支部を組織したのである。その前年、上海で十二人が参加して中国共産党が地下で結成されていた。しかし、そのうち今も指導部として残っているのは、毛沢東ただ一人である。それに対して、彼と共にヨーロッパ支部に参加した人々の中には陳毅、朱徳、李富春、鄧小平などがおり、多士済々であった。

こうした仲間が集まって議論に倦むと、周恩来はよく台所にこもって餃子を作ってみんなにご馳走した。料理の腕は玄人はだしで、彼の餃子が出てくると、それまでの議論を忘れて、誰も先を争って手を伸ばすのだった。

彼の活動は、左翼学生の間だけにとどまらなかった。在仏の民族主義者や右翼的な連中の間までとびまわり、在仏全中国人合同会議を主宰したかと思うと、汚れた職工服を着てフランス人労働者や中学生の間に共産党細胞を組織したりもしたのである。こうして彼は、対立する諸党派の間での政治活動の技倆をみがいていった。

一九二四年、周は再び中国に戻ってきた。当時の中国は、清朝が倒れたのち、各地方で独立王国を形成している軍閥を倒すために、国民党政府が北伐の軍隊をさしむけているところだった。

北伐の中心になったのが蔣介石である。蔣介石は、国民党軍の指導者を育てるために、黄埔《こうほ》軍官学校を設立して軍事教育に精を出していた。

中国共産党はまだ組織が弱かったために、独自の党活動をするよりも、国民党に入党して、国民党の組織を通じて活動をすすめる方針をとっていた。国民党はソ連の援助を受けていたために、それは半ば公然とおこなわれていた。

この方針にのっとり、周も国民党に入党した。そして命ぜられた職が、黄埔軍官学校の政治部副主任だった。当時は革新的な青年将校だった蔣介石は、このフランス帰りの有能な青年である周に目をつけ、重用した。しかし、周のほうでは、軍官学校に入学してくる有為な青年たちを共産主義者に育てあげることに意をそそいでいた。つまり、周が黄埔軍官学校の政治部に入ったおかげで、軍官学校は実質的に紅軍の養成所となってしまったわけである。実際、現在の人民解放軍の最高指導者である林彪、黄永勝総参謀長をはじめとする軍指導者の大半は、この時の周恩来の教え子なのである。のちに、周恩来には、中国紅軍の建軍に最大の貢献をなした人物として、軍から終身党軍事委員の地位が贈られている。

だが、むろん軍官学校の生徒がすべて共産主義者になったわけではない。右派も多かったのである。左右両派はそれぞれ軍の内部に別の団体を作って対立抗争をつづけていた。それだけではなく、共産党の内部がさらに穏健主義と極左派とに分かれて対立していた。

ほとんど一触即発といってもよい状況の中にあって、国民党左派と右派、共産党左派と右派が分裂しないでやってこられたのは、ことあるごとに周恩来が調停者として働いたからである。対立する諸党派の取りまとめ役という周恩来の能力は、ここでもいかんなく発揮されたわけである。すでに、共産党に敵対しはじめていた蔣介石も周だけは信頼していたといわれる。

押えに押えていた、蔣介石の指導する国民党右派と共産党との対立がついに爆発点に達する時がやってきた。

一九二七年、国民党の北伐軍は快進撃をつづけて上海に近づいていた。共産党は、国民党軍が上海を占領する前に、内部から武装蜂起することによって支配権をにぎろうと考えた。周恩来は上海に潜行して五万人の武装労働者糾察隊を組織。ゼネストから暴動をまき起こそうとはかった。暴動は、北伐軍がほとんど上海郊外まで迫った時に指令された。彼はみずから三〇〇名の武装労働者をひきいて、郵便局、警察署襲撃の先頭にたった。長い市街戦がつづいた後、蜂起は成功し、市民公会が設置された。

ところが、そこに蔣介石の部隊が入ってくると、労働者の大虐殺をはじめた。共産党員とそのシンパは片っぱしから射殺されていった。彼は間一髪のところで虐殺をまぬがれたが、この日以後、駅という駅に彼の顔写真が掲示され、その首には莫大な懸賞金がかけられた。

この上海虐殺を機に、共産党は全国的な武装蜂起路線に踏みきった。党総書記兼軍政部長として、指導部の中心人物となっていた周恩来が次に指導したのは、南昌暴動だった。朱徳らと共に三万の軍隊を指揮し、五時間の戦闘で南昌市には共産党の政権が誕生した。しかしそれも束の間、わずか二日の後には国民党軍の攻撃を受け、たちまち壊滅、香港まで敗走しなければならなかった。

党中央の指令によって、これと同じような武装蜂起とみじめな失敗が全国各地の都市で起き、共産党の指導者は陳独秀から瞿秋白《くしゅうはく》、李立三、陳紹禹へと目まぐるしく変わっていった。その間にお定まりの粛清があったが、その中で一人周だけは変わらずに指導部の中心人物の一人として数えられつづけてきた。それというのも、彼が決して派閥を作って権力をみずから握ろうとはせず、常にナンバー2かナンバー3の地位にあって、対立する諸派の調停者の役割を果たしてきたからなのである。

しかし、相次ぐ武装蜂起とその失敗により中国共産党はすでに壊滅寸前になっていた。その中で健在だったのは、決して都市に出ようとはせず、農村を根拠地にしていた毛沢東の江西ソビエト区だった。敗残の党中央部は、毛沢東のところに身を寄せることになった。そして今度は、党中央と毛沢東との間に対立が起きはじめた。

決定的な対立は軍事作戦をめぐって起きた。蔣介石の巨万の軍隊に対し、毛沢東はこれまで通り、ゲリラ作戦をとることを主張したが、中央は正面戦を主張してこれを通した。結果は惨敗である。江西ソビエト区の中心であった瑞金は完全に包囲され、このままいけば全滅することは火をみるより明らかだった。

この危機を救ったのは、毛沢東の指導による長征である。ソビエト区にあった軍隊、党機関、行政機関をはじめ、全住民が蔣介石軍の包囲を脱出して、一万キロ余も離れた北方の根拠地、延安まで逃れようという大構想である。

この間に一八の山脈を越え、二四の河を渡り、幾つかの砂漠と湿地帯を横ぎり、絶えざる国民党軍の追撃と地方軍閥や山岳地帯の異民族からの攻撃にさらされねばならなかった。そして長征に出発した一〇万人のうち八万人は途中で死なねばならなかったのである。

実をいえば、この長征は、最初から目的地やコースが決まっていたわけではなかった。長征に出発した時点では、誰が本当の指揮者であるかさえはっきりしていなかったといってもよい。長征の過程で、敗残の党と軍が再建され再組織化されていったのである。毛沢東の指導権が確立され、中国共産党の路線が明確になっていったのは、この一年余におよぶ長征の中においてであった。

そして、毛沢東の地位を不動のものにしたのは、それまで党中央の路線を守っていた周恩来が毛沢東の側についたことによってだった。

一九三五年十二月、一万キロにおよぶ長い辛苦のはてにたどりついた陝西省の寒村、瓦窰堡《がようほ》で、毛沢東は独特の湖南なまりのことばで誇らしげに語った。

「この旅は人類の歴史のうえで類まれなるものであり、我々の不敗の力を示し、この力をもって我々は世界の革命の種子となるであろう」

毛の傍らでにこやかに微笑をもらしながら周恩来も、

「チベットの大草原を越えた時が、我々のもっとも苦しい時であった。苦しさを体験した我々の前方には、明るく暖かい太陽が待ちうけている。同志諸君」

と演説した。

この時彼は三十七歳になっていた。髭ものび、汗にまみれたその風貌にはたくましさがあった。長征をともにしてきた妻の鄧穎超は、疲れのため結核で倒れた。

彼はこの長征で精神面でも試練を受けた結果、さらに強靭な理論と実践を身につけたのであった。そして彼は中国での革命を成功させるためには、毛沢東の偉大な力が不可欠なことを知った。この時から彼は中国共産党のナンバー2としての自分の位置を決めたのである。

このあと、延安の洞窟にたてこもった中国共産党は、抗日戦争の準備にとりかかると同時に、蔣介石の国民党軍との折衝という、周恩来の力を必要とする課題にとり組んでいった。

延安に落ちついた共産党は、抗日民族統一戦線という新しい路線を打ち出した。満州から華北に進出してきた日本軍に対抗するために、国民党と共産党をはじめ、すべての党派が抗争をやめて統一戦線を結成しようというのである。これをもとに国共合作の構想がはじまる。

国共合作といった対立するセクトの調停役に、周恩来ほど好適な人物はいない。

一九三七年の国共合作前後から、一九四九年の中華人民共和国成立にいたるまで、周恩来は休む間もなく各地を飛び歩いては、国共両党の間で、折衝につぐ折衝を重ねていた。

まず停戦交渉に上海、南京に飛ぶと同時に、その地の中立系諸派に働きかけて、〝全国抗日救国代表大会〟という統一戦線の組織を作りあげてしまう。一方では、ひそかに東北を支配していた軍閥の張学良と接触し、抗日統一戦争にひきいれる。彼に口説き落とされた張学良が、合作をしぶる蔣介石を軟禁するという事件「西安事件」が起きるや、ただちにそれを利用して合作を成功させる。

国共合作がはじまった当時は、まだ軍事的には蔣介石のほうが圧倒的な優勢を保っていた。しかし、抗日戦争の過程で、共産党はみるみる勢力圏を拡大していった。国民党側が面白かろうはずがない。日中戦争がつづく中で、国民党と共産党はいたるところで武力衝突をはじめていた。両党は勢力圏の確定のために、アメリカのハーレー特使の仲介を得て会談することになった。

この交渉にあたったのは周恩来と林彪である。周恩来は抜群の駆け引きで、共産側に有利に話をすすめ、

「共産主義者は戦闘を通じてではなく、交渉を通じて、周恩来の舌鋒をもって大陸の制覇を進めている」

とまでいわせた。

事態はますます有利に進み、日本敗戦後の四六年にはアメリカのマーシャル将軍の仲介のもとに、重慶で連合政府樹立をめざす停戦協定まで成立した。

が、それも束の間、ほどなく国共両軍は、全面内戦に突入した。そして三年、結局は力と力の抗争で、共産党が政権をにぎるところまで血が流されつづけたのである。

建国以来二十二年間、中国の外交はほとんど周恩来が一手に引き受けてきたといって過言でない。建国までは、国内、党内の対立抗争に向けられていた手腕が、国家と国家の間の調停に向けられはじめたわけである。

ソ連との交渉ではモスクワを七度訪問し、中ソ蜜月時代には多額の経済援助を引きだし、中ソ対立がはじまるや、堂々とフルシチョフと渡りあってみせた。

一九五五年のバンドン会議では、ネール、スカルノ、ナセルといった開発途上諸国のいずれ劣らぬ一匹狼たちを集めて、中立主義を武器に第三勢力を作らせ、かと思うと、アジア、アフ

リカ諸国を歴訪し、ＡＡ諸国の連帯を説くという具合に、八面六臂の活躍ぶりである。

この周恩来外交の下地があったからこそ、国連での劇的な復帰決議がなされたのだといってよいだろう。

こうした外交政策を展開する一方、周恩来は国務院総理として、世界で最も巨大な行政機構の長としての役割も果たしているのである。一日平均十八時間は執務しているといわれるが、それでも日本から新劇がきたといえば、ちゃんと観劇に現われ、学生代表がきたといえば、会見に応じる。全く超人的体力というほかない。

多くの党内実力者が失脚した文化大革命においても、周恩来は見事に生き残った。

文革の紅衛兵華やかなりしころは、地方から上京してきた紅衛兵たちの宿や食事に奔走し、集会があれば夜明けまで付きあって論争に応じた。かといって、紅衛兵たちに無原則に妥協していたわけではなく、

「低級な壁新聞は見たくもない」

と、泣く子も黙る紅衛兵たちをズバズバ批判してもいた。そして、各地で武闘が起きはじめた一九六七年前後には、各地を飛びまわって造反運動の収拾も見事になしとげた。実権派にあまり肩入れもせず、文革推進派にもあまりのらなかった周恩来の地位はますます高まるばかりである。

このあたり、五十年にわたる中国共産党史の中で常に主流にいた周恩来の面目躍如たるもの

がある。

これは決してコウモリ的に対立する派閥の間をいったりきたりするからではなく、ゴマすり的な遊泳術にたけているからでもあるまい。抜群の実務能力と的確な政治判断を常に下せる識見とカンをかねそなえた真の政治家だけにできることではないだろうか。

一九七一年七月九日、周恩来は米大統領特別補佐官のキッシンジャーと北京で会談し、ニクソン大統領の訪中を受け入れることを約束した。この米中和解は世界に衝撃を与え、三ヵ月後の十月には、中華人民共和国は蔣介石の中華民国に代わって国連に迎えられた。

こうして長い間、世界の孤児だった中国は、国際社会の市民権を獲得したのである。

若くして日本やヨーロッパに留学して、国際感覚を身につけている周恩来は、毛沢東とともに作りあげた今日の中国を、一刻も早く国際社会に登場させたかったであろう。

昼夜の別なく、七十三歳の老体に鞭打って中国を訪れる世界中の人々と会見している彼は、今や中国のナンバー2どころか、国際政治を動かす世界のナンバー1といっても過言ではない。それほど彼の一言隻句は現在重大な意味を持っている。

ここで、直接周首相に接したことがある人々に、周恩来評をたずねてみよう。
◆川崎秀二氏（自民党代議士）「池田内閣時代に訪中したとき、『池田さんはまだ吉田の顔色をみながらやっているが、岸よりましだねェ』と日本語でいいだしたのでびっくりしました。大変な情報力と大変な話術ですよ。日本人に会うときは、保守は保守なりに、革新は革新なりにちゃんと応対するから見事なもんです」

◆西村忠郎氏（読売新聞記者）「よっぽど要領がいい男なんだろうという評をききますが、それはまちがいです。苦闘の連続で、成算もあまりなかったあの長征で、彼はずっと先頭に立ってたんですからね。要領のいい男なら、途中で絶対に逃げだしてますよ。それから多才な人でね、〝東方紅〟の総監督、総演出をやって、三〇〇〇人の出演者を指導したことがあるんですが、すばらしいできでしたよ。もっとも政治家としては七億人を演出してるんだから、それも当然かな」

◆田英夫氏（社会党参院議員）「彼を〝起きあがりこぼし〟という人がいるけど、ボクは、彼ははじめからころばない人だと思うね。とにかく完璧な情報力がある人で、ボクがどこかでちょっと話したことでも、ちゃんと知ってるんだな。恐いぐらいですよ」

◆熊井啓氏（映画監督）「二時間ばかり会見したんですが、話題の展開、切り込み方、こちらに質問するタイミング、目の動き、体の動き、すべてが実にリズミカルで見事に構成されている。まるで一編のドラマを見させられてるような会談でしたね。あんな話しっぷりができる日本の政治家はいないでしょうね」

（現代、一九七二・一月号）

毛沢東は〝外交〟を犠牲にした

二年ほど前、米大統領ニクソンがカンザスシチーで、新聞・テレビ編集者を相手に演説したことがある。かれはこの演説で、「第二次大戦後二十五年間に世界でおこった重大な変化に、われわれは気づいていない」と語り、つぎのようにつづけた。

「アメリカが原子兵器を独占していたときは天下無敵で、軍事的に世界第一だった。同時にわれわれは、経済的にも世界第一だった。だが、二十五年たった現在、アメリカはもはやそのような卓越した立場になく、経済的条件と経済潜勢力から考え、世界はアメリカ、西ヨーロッパ、日本、ソ連、中国の五つの勢力が競い合うようになっている。この先も五つの経済超大国の時代であり、力と武器による勢力争いは次第にかげをひそめ、経済競争がこれにとって代わるであろう」

ニクソンがとりあげた問題はさほど耳新しくはなかった。「アメリカン・ウェイ」といった言葉から幸福な響きが消えて久しかったし、豊潤なアメリカといった神話も薄れ、政治家や評論家の間では、アメリカは世界の警察官の役割をやめ、新しい世界政治の現実に即した外交策を探求すべきだと説いていたからである。

そこで大統領の演説テキストを読んだ者のなかには、その演説の後半に関心を払い、大統領が、過去のギリシャ・ローマ文明が前進の意欲を失ったとき、滅亡への退廃の道をたどったと指摘した点をとりあげ、精神論を展開したのだと説明した。

いずれにせよ、米大統領が一九七一年七月六日にアメリカ中西部の中心都市でおこなった演説は、さほど傾聴されなかったのである。だが、大統領がこのとき、いかなる決定を隠していたか、かれの特別補佐官がどのような密命を帯びて東南アジアを旅行していたかが分かっていたら、かれの演説に対する見方はまた違ったものになったにちがいない。

秘密のすべてを知っていた人のなかに中国首相周恩来がいたことはいうまでもないが、この演説になみなみならぬ関心を示したのがかれであった。

七月九日の午後、北京の迎賓館で周恩来は、パキスタンの山間の避暑地で静養しているはずの人物、米大統領の補佐官と会見した。周はキッシンジャーに向かい、ニクソン大統領がカンザスシチーでおこなった演説を読んだかと聞き、詳しく尋ねようとした。キッシンジャーは、かれがアメリカを出発したあとのことだから、演説の全文は見ていないと答えた。

翌日の午《ひる》、人民大会堂で周はキッシンジャーに英文のテキストを渡し、北京にコピーは一つしかないのだから、読んだら返してくれとつけ加えた。テキストの余白には中国語の書き込みがあった。

二人が大統領演説からなにを語りあったかはあきらかにされていないが、周恩来はニューヨーク・タイムズの副社長レストンに会ったときにも、この演説について語っている。西側の新聞を操作するのに熟達している中国首相は、キッシンジャーが北京入りしたとき、レストンを入国させていた。ごていねいなことにキッシンジャーの北京滞在中、かれは訳が分からないまま広州に足どめされていたのである。

さらに周恩来はその演説をサンデイ・タイムズの記者ネビル・マックスウェルに語り、日本の自民党代議士であった川崎秀二にも語っている。

米大統領がワシントンでテレビ・ラジオを通じ、中国訪問を発表して世界を驚かせたのは、カンザスシチー演説から九日あとである。カンザスシチーの演説が、「中国本土の孤立を終わらせ、わが国との関係を正常化させねばならない。……この措置はいまとらねばならない」と述べた箇所を改めて思いだした人もいたにちがいない。

しかし、中国首相は演説のその箇所に反応を示したわけでなく、米大統領の世界の見方に関心を払ったのであろう。この年十一月、英人記者に語ったかれの見方が、ニクソンの見方と本質的に同じであったことからも分かる通り、かれの強い関心はニクソンの見方をかれ自身が認めていたためであった。そしてかれがそれ以上に満足だったのは、つぎのような点であったにちがいない。

絶対的な軍事力を持つアメリカが、それに相応する対外影響力を発揮できなくなり、さらに絶対的な経済力をも失ってしまったがために、これまでの同盟国外交を捨てないながらも、ソ連、中国、西欧、日本を相手にして均衡ゲームをおこなわざるをえなくなったことである。周恩来にとっての満足は、均衡ゲームを追求してきたのがかれだったからである。

かれは、ジレンマにおちいるだけのイデオロギー過剰の外交や、とりとめのない大言壮語で綴った見かけ倒しの外交原則にさしたる関心は持たないようであった。かれは、中国の利害得失を冷静に判断して、均衡ゲームを基本戦略とすることが、中国の工業化と安全保障の伸長に役立ち、あわせて米ソが争う世界主導権や二頭体制を突き崩すことも可能と考えてきたにちがいない。

そして均衡ゲームをおこなうのであれば、アメリカよりもどこよりも、中国がはるかに有利であることを、かれは充分に知っていたであろう。これは、外交技術と駆け引きを存分にふるい、かれが楽しんでやる戦術であるといったことではない。交渉の相手を複数にし、相手側を互いに張り合わせて漁夫の利を収めるためには、最高の秘密性と変わり身の早さが必要である。外交が議会や世論、圧力団体、そして官僚機構に束縛され、監視され、義務を負い、秘密の保持ができず、迅速な行動をとることのできない自由主義国家が得意とするところではない。

事実、このあとかれは見事な機動性と柔軟性を発揮して、アメリカに手を差しだすことで、日本を腕のなかにとらえ、さらに数多くの国と国交を結ぶことに成功している。だが、ふりかえってみるなら、中国の成功はあまりにも遅すぎたというのが本当の話であろう。

二十数年前、中国がソ連に全面依存の政策をとらず、中国が占める中心的な地位を考慮して東西外交をすすめ、ソ連とアメリカの間で自由に振る舞い、自己の選択の道を開いていたらどうであったか。たしかに東と西の間でバランスをとる外交は、現在まで少なからずの小国が採用して、ときに成功し、ときに指導者の自滅となる悲喜劇を繰り返してきている。しかし、一つの大陸と巨大な人口をかかえて超大国の条件を持ち、国内の安定と強い政治主張を持つ中国がこのような外交路線をとるのであれば、自ずと違ったものになり、中国の威信と国民の利益は増大したであろう。

あるいはまた一九五〇年代の半ばにすすめた対日宥和政策を一九五八年に絶ち切らねばどうであったか。多分、日本政府は財界、世論、野党の圧力で、中国向けの禁輸取り決めを事実上反故にして、中国との経済協力を強めたにちがいない。そして中国とアジアの情勢は六〇年代に大きく変わったことであろう。

現在成功を収めている外交路線が、なぜ過去にはおこなわれなかったか。いうまでもなく毛沢東の存在があったからである。

北京政府の外交政策を一九四九年から見ようとするなら、さらにその五年前に戻ることが必要であろう。中共党と外国の接触は、ボロージンを筆頭にコミンテルンの派遣人員の指揮と、スターリンの命令と訓戒を受けることではじまった。延安時代に入って両者の間は次第に疎遠となったが、中共党は表向きソ連に忠誠を表明しつづけた。一九四四年八月、中共党ははじめてべつの外国政府代表と接触することになった。

デービット・バレット大佐を団長とするアメリカ軍人の一団と重慶駐在の二等書記官ジョン・S・サービスが延安に駐在した。デキシー・ミッションと呼ばれたこの使節団は、日本軍の軍事情報の収集ということで、国民政府のいやいやながらの承認を受けたのだが、実際にこれはうまくいかず、中共党幹部とアメリカ政府派遣人員の相互理解の機会となった。

アメリカ人は周恩来、葉剣英を窓口にして意見を交換して、周の能力を認め、中共党の支配地域を見聞して、国民党の支配地域と全く違うことに感銘をうけた。かれらはまた中共党首脳と食事をし、夫人たちとダンスを踊った。デキシー・ミッションが持ち込んだ石油発電機を使っての映画会には、お偉《え》ら方がすべて出席し、ミッキー・マウスの漫画映画と、ローレルとハーディの喜劇映画を楽しんだのである。

そしてこの年十一月、訪れる国府高官はまったくなく、新聞記者名義のソ連人駐在員が一人とどまるだけのその町に、はじめてアメリカの高官がやってきた。

封鎖されていた延安にとって、重慶から飛んでくる輸送機はつねにビッグニュースであった。滑走路の脇にバレット大佐と周恩来が立ち、他に大勢の人が集まるなかで、飛行機は砂塵をまきあげてとまり、ドアが開いて現われたのは、胸にメダルの輝く、立派な軍服を着たアメリカ人だった。

周はあれは誰かと尋ねた。バレット大佐は前もってなんの通知も受けていなかったが、国共間の調停者として派遣された大統領の特使、ハーレーだと分かった。周はバレット大佐にかれを待たせておいてくれと言うなり、かけだした。滑走路近くの兵舎から集められた兵士たちの一隊が歓迎のために並べられ、まもなく、延安にただ一台の自動車に乗った周が毛とともに戻ってきた。

ハーレーと毛の会談は二日間にわたっておこなわれ、ハーレーは毛の提案に賛成した。現政府の改組をおこなうなら、その下で共産軍は命令に従うことを約束し、アメリカからの援助を平等に配分することを決めた協約に、二人が署名した。

ハーレーはこのときにこの合意で蔣介石を説得できると信じていたようだが、毛と周は蔣がこのような協約を受けいれるはずのないことを予期していた。事実、蔣はこの協約を相手にしなかった。

つづいて一九四五年一月、毛と周はべつの手を打った。二人は中国の一政党の指導者としてワシントンへ赴き、米大統領と会談したいと提案した。かれらがこのように積極的な対米接近策をとったのは、アメリカが望む連合政府の樹立と中国の平和統一という目標が、自分たちに有利とみていたからである。

かれらとすれば、アメリカが国民党に一方的に肩入れするのを阻止して、国民党と同じだけ策略の自由を持たねばならなかった。さらにかれらはソ連の意図に不信感をいだいていたであろうから、ソ連とアメリカの両方に顔を向け、双方の支持と譲歩を交互に求めるのが利益と考えたのであろう。

そして周は、ワシントンが自分たちの希求を受け入れないにせよ、このときに対日戦はまだまだ続くと考えられていたのだから、アメリカは共産軍の効果的な支援協力を望まざるをえず、延安との関係を強化せざるをえまいと判断していたのである。

毛沢東に限らず、だれもが予想していたより早く、日本が降伏した。そしてアメリカの調停が失敗に終わって中国の内戦がはじまると、アメリカは限定的ではありながら国民政府を援助するようになり、中共党は次第に激しく反米宣伝をおこなうようになった。

この宣伝は第一にアメリカが国府側に立ってより一層介入するのを牽制する狙いを持っていた。そして国民党が支配する大都市の住民が平和と安定の回復を望んでいるのにつけ込み、学生の愛国心に訴えるいつもながらの方法であり、国民党内の抗戦勢力を孤立させる戦術であった。

それ故に、中共側がその対米非難に執念深くしがみつくことはないようにみえ、中共党とワシントンの間に生じた悪感情の深さと強さは、埋めることのできない溝とはならないように思えた。

一九四九年四月末、劉伯承の第二野戦軍が南京を占領してまもなく、外交事務の責任者として黄華が派遣されてきた。アメリカ人としてはじめて延安へ入ったエドガー・スノーの通訳をし、一九四四年にはデキシー・ミッションの連絡将校となり、中共党きってのアメリカ通であり、周恩来の信任が厚かった。

黄は南京に到着すると直ちにアメリカ大使館に接近を図った。ソ連大使ロシュチンは国府について広州へ移っていたが、アメリカ大使は本国の指示で南京にとどまっていたのである。黄はアメリカ大使の個人秘書と会い、数日あとには大使スチュアートと会談した。黄がきりだしたのは承認問題であった。

スチュアートの回想録は、その会談内容を曖昧にぼかしているが、このあとかれは北京へ行く準備をすすめた。南京の飛行場におかれた大使専用機は中共側の協力で修理され、出発を待った。黄華はたえず大使秘書と連絡をとり、ワシントンの返事を待ったが、その結果は失望であった。七月十日、ワシントンはスチュアートに北京へ飛ばないように訓令した。大統領は政府のヨーロッパ援助政策をつぶしかねない議会の国府ロビーの圧力に屈したのである。

周をはじめ、他の幹部も失望したにちがいない。だが、かれらは、差しだす手をふりはらったのはアメリカだと怒ったわけではなかったであろう。周を中心としてすすめた外交努力をぶちこわし、アメリカとの正常な国家関係を求める外交進路を阻止しようとしたのは、毛沢東だったからである。

これより前、七月一日、毛は「人民民主独裁について」といった論文を発表していた。その論文は外交政策をとりあげて、「中国人は帝国主義か社会主義のいずれか一方に片寄らねばならない。例外というものはない。二股はありえないし、第三の道もない」と断言し、共産中国はソ連の同盟国であり、アメリカの敵であると宣言したのである。

恐らく、毛の宣言がなければ、アメリカ大使の北京行きが中止となっても、まだ中共党幹部は交渉が袋小路に入りこんだとあきらめはしなかったであろう。新政権はいずれにしてもまだ誕生していなかったのだし、アメリカ国務省が国府支持からの離脱を望みながらも、議会や世論の圧力に行動を束縛され、新しい態度決定に時間がかかるのはやむをえなかったからである。

アメリカ議会の強硬派を助けたのは毛沢東であった。議員たちにしてみれば、本当の中共党が顔をだし、その正体を現わしたというわけであった。つづいて北京はワシントンをしてさらに動きをとれなくさせる手段をとった。中国にとどまる米領事館員を監禁したのである。

毛沢東の七月一日の宣言が、北京指導部の少数意見であったことはまちがいない。この日の朝、毛の論文を手にした香港の党幹部はいずれも驚きあわてたのだという。その場面の目撃者だった香港大公報の編集長も、その数日前、上海大公報がアメリカ大使の南京滞在を大きくとりあげ、なんらかの形の中米両国の新しい了解がいまにもできると匂わせていただけに、非常にびっくりしたのだという。

香港では、その夜、党創立記念日の大祝賀会を開く予定だった。そのための演説草稿を書き終わっていた香港の党責任者は大あわてで原稿を書き直さねばならなかった。そしてその晩、およそ一〇〇〇人の参会者がその演説を聞いたとき、異常なショックを受けた人びとの驚きの表情は今でもはっきり目に浮かんでくるとかれは語っている。北京、上海をはじめ各地の幹部党員もまた同じような衝撃を受けたのであろう。

では、毛沢東の動機はどこにあったのであろうか。この問題もまた、現在、そしてこのさきにしても、その史料状況から確実な動機を確定することは不可能で、想像するしかない。

かれがこのような態度をとったのは、ソ連と国境を接する東北、新疆がソ連の特殊利益の地域となるのを防ぎ、その地域の主権を確保しなければならなかったからかもしれない。だが、かれの一層大きな動機はべつにあったように思える。かれは都市をしっかり掌握しようと考えていたのではないか。

中共党はその創設期、南昌、広州、長沙、武漢の都市占拠に失敗を重ねてから、そのあと闘争の全期間、都市を放置し、せいぜいのところ都市住民を中立化することを目的としてきた。こうして中共党は最後に都市を占領しても、党は都市との間に適当な関係を保つという態度をとった。南京に一カ月遅れ、五月末に陳毅の第三野戦軍が占領した上海はどうであったか。

上海市民の胸のうちは、その町に住む外国人が語っていたところと大差はなかったように思える。上海には依然として外国人がとどまっていた。英国人は五〇〇〇人ほどが残っていたし、アメリカ人は一五〇〇人、他にオランダ人、ベルギー人、あらゆる国の人がいた。

かれらは上海を新たに支配した政権を恐れていなかった。かれらの不安は国府軍の撤退から中共軍が入城するまでの空白の期間であり、建物の崩れから煉瓦をひっぱりだし、窓をたたき壊して侵入してくる暴徒だった。芝居がかった国府軍のあわただしい撤退が終わり、波止場とドックから貨物船、ジャンクまでが消えてしまったあと、猫のように静かに市内へ入ってきた中共軍を見たとき、一般市民と同様に外国人もホッとした。

兵士たちはアメリカ人に対しても敵意をみせなかった。かれらはアメリカ南部の黒人差別、労働者の貧しい生活について質問し、アメリカの労働者階級は自分たちの味方であると語った。そしてアメリカ人特派員のカメラや荷物に興味を示し、タイプライターを打ってみせるように何度も頼んだ。

外国人は住まいの窓のよろい戸をおろし、外人所有の貼紙をだし、仕事は情報の交換以外になかったから、毎晩のようにかれらのクラブに集まった。かれらは、いまふりかかってきた変化もやがては元に戻ると考えた。これはかれらの経験からの結論だった。八年前、日本軍は共同租界に侵入し、かれらを監禁した。それより四年前には、上海の郊外で中国軍と日本軍が戦い、中国空軍の爆撃が目標をはずれて租界に落ちたこともあった。

さらに昔を知る者であれば、一九二五年五月に租界の警官がデモ隊に発砲し、ゼネストがおきたことも覚えていよう。それから二年あとには、陳独秀や周恩来らが上海市を奪取し、革命政権をつくろうとしたこともあった。上海の財界と手を握った蔣介石は、部下に命じて中共党員と労働者武装隊を捕らえ、トラックで郊外へ運びだして片端から銃殺した。

変化は何度かおきながら、本質的にはなんの変わりもなかったのであり、この新しい変化が前と違ったものになるとは思えなかった。結局のところ、上海は世界で最大の人口を持ち、工業と輸出入の中心地であり、西側資本が投下されていた。

国民党は上海の運営に失敗して、財政経済の面からずるずると倒壊したのだから、中共党は全国支配の成否をにぎる上海の運営に慎重になろうし、原料と工業製品を輸入するとなれば、ソ連をあてにできるはずもなく、中共党にとって上海と西側諸国は必要であるとみられた。天津で英国やベルギーの銀行の取引が許されたことも、このような推測を裏づけた。

しかし、毛沢東は外国人の期待、同じ考えの都市居住者と妥協の意思はなく、都市を中立化しておくつもりはなかった。かれは農村では土地分配をおこない、新しい支配地でも土地革命をすすめていた。かれはその土地分配を徹底的な教育運動と結合させることで、党と農民の間に固い連繋を築きあげていた。

この点でソ連は中国と逆であった。弱体、不安定なレーニンの都市政権は、農民の手による土地占領の既成事実を承認し、農民を反革命の側に転じさせないだけの妥協策をとっていた。毛沢東にとっての都市は、レーニンにとって農村だったのである。

だが、スターリンはレーニンの方針を捨て去って、農民の強制集団化にふみきり、「一つの道か、他のもう一つの道、すなわち資本主義への後退か、社会主義への前進かのいずれかである。第三の道は決して存在しないし、また存在しえない」と大見得をきった。同じような言い方をして、毛沢東は「一辺倒」宣言を発表した。かれの狙いは都市にあった。

かれはアメリカに対する和解が都市の悪に対する宥和となるだけと思っていたのであろう。

都市の悪とは、「アメリカ的なものがすべてよいと信じ、アメリカに真似て中国を造ろうと望む」考えであり、集団への献身といった倫理を持たず、組織と紀律に反対し、西側の資本主義世界の邪悪な腐敗した個人主義的な考えであった。

かれは「一辺倒」路線を打ちだし、アメリカを悪のシンボルとして、思想改造運動と反革命鎮圧運動を都市でおこなうつもりであった。かれのこの決意が、朝鮮戦争のさなかに遂行された「三反・五反」運動である。

北京政府が、一九四九年につづいてアメリカとの関係を打開しようとしたのは、一九五五年から五七年にかけてである。見逃してならないのは、この時期に毛沢東は党の正式決定をくつがえし、早急な農業集団化を命じていたのであり、外へ向かっては穏健な外交活動をおこないながら、国内農村は急進政策の渦中にあったことである。

内政と外交のこの違いは、農民は協同化によって報酬はたちどころに上がり、その生活水準は改善できると毛沢東が信じていたからであろう。もし、かれが集団化政策は農民の願望や欲求に刺激を与えることができないとみていたのであれば、当然やり方は変わっていたにちがいない。

集団化が農民の間にひきおこす抵抗と緊張、農民の抑圧された不満と内心の葛藤の転嫁対象として、身近な敵をつくり、この闘争対象を国外の敵と結びつけ、農民の感情を一定方向へ導く政治教育の運動をおこなったことであろう。国外の敵として掲げられる否定シンボルはアメリカ帝国主義となったであろうから、緊張緩和の現実的な外交政策は切り捨てられたにちがいない。

だが、個人経営の農業をあわただしく高級合作社に組み入れた行政措置だけの集団化は、まもなく中国経済に大きな歪みをひきおこした。毛沢東は前進を解決策と考え、高級合作社の一層の大型化と徹底化をすすめるべきだとした。これがかれの一九五八年に開始した大躍進運動と人民公社建設運動である。かれはこの運動の総指揮をとり、アメリカ帝国主義を否定シンボルに利用した。金門島砲撃戦を巧みに利用して、アメリカの軍事挑発と戦争の威嚇を国内に訴えて戦闘精神を高揚させ、デモと集会の沸騰する熱気から、民兵の組織化へ進ませ、民兵を人民公社建設の原動力にしたのである。

二年足らずで大躍進運動が挫折に終わり、ソ連の中国に対する経済制裁がおこなわれ、中共党指導部は再び対米関係の是正にのりだすかと思われた。だが、毛沢東は依然としてアメリカを否定シンボルにしておく必要を認めていた。かれは、アメリカと個々の問題を解決すると、人民の革命的熱情をさますことになると叱ったのである。

このとき、農業、工業生産は大きく低下し、国民の生活は悪化し、党の指導力も衰退していたが、軍の士気も崩れかけていた。一九五九年に、大躍進運動を批判して毛の責任を追及した彭徳懐ら軍首脳を追放したことは、彭が毛子飼いの直参であり、北京政府成立以来、軍の最高指導者であっただけに、将校たちの不満と不安を深めていた。さらに農村の危機を反映して、兵士たちは打ちひしがれ、その不信感も大きくなっていた。

こうして毛は軍の再建を優先的にとりあげた。軍再建の政治教育運動は昔の苦難を思いださせることであった。合作社建設運動をすすめたときには明日の生活向上を保証し、人民公社建設運動に際しては、「苦戦三年」あとの地上の楽園のユートピア主義を唱ったのだが、この運動では国民党支配時代の苦難を想起させ、階級的搾取と圧迫の苦難を反復強調することであった。

このような運動は、個人と集団の心理を計算し、試験済みの手法と実験の結果をとりいれて巧みに操作されていた。はじめに苦難のモデルをつくりあげ、かれに語らせ、聞き手に苦難の経験をさらけださせ、仲間うちで討論させた。小グループの集会は大集会につなげられ、繰り返された。つづいて苦難の根源をさぐらせる運動を展開させ、地主、資本家から国民党政府の階級悪を非難させ、アメリカ帝国主義を攻撃させた。このようにして兵士たちの激情に訴え、「階級的敵愾心、帝国主義に対する恨みの気持をおこさせ」、かれらの忠誠心と団結をつくりあげた。

軍で成果を収めた運動は、このあと農村でもおこなわれた。農民たちに国民党統治時代の苦難を数えあげさせ、苦難の根本はなんであったかを話させ、国内の階級の敵が決して完全には消滅していないのだと煽動した。そしてかれらに、旧地主、旧富農は「つねに復活を企てている」、「反革命組織を発展させている」と警告し、階級敵に対する疑惑と憎しみの炎を燃えたたせた。

憎しみを身近なものとするためには、部落、職場内で眼に見える闘争対象を選びだした。指弾できる一つまみの敵をつくることは、残り大多数の者に一体感をいだかせることでもあった。そして国内の敵は国外の敵とつなげられ、アメリカ帝国主義が「現在の世界における一切の反動派の頭目である」と告げられ、「わが国を敵視し、わが国の領土台湾を占領している」と非難されたのである。

このような怒りを土台にした教化運動こそ、毛沢東の信念に一致したものであった。かれは、怒りが人間を行動に導く原動力と信じていた。アメリカは憎しみと怒りの否定シンボルとしてなお有効であった。

毛沢東が戦線の変更をおこない、否定シンボルをアメリカからソ連に変えようと決意したのは、一九六四年に入ってであろう。新たな否定シンボルの設定は、党中央政治局から最小単位までに及ぶ大規模な党刷新計画と、新しい世代を鍛え直そうとする構想とともにふくらんだように思える。

これは一つ二つの挿話からあとを追うことができよう。一九六四年一月、フランスの国会議員団が中国へ招かれたことがある。おりから中国とフランスの外交関係の樹立が重なって、かれらは毛沢東に会う機会を得た。看護婦の手を借りる老人は、安楽椅子に深々と坐り、機嫌よく喋った。

いつもながらかれが口を開くと、会話にならず、モノローグとなった。「私は外交官ではない、軍人だ。二十二年のあいだ戦ってきた。ドゴール将軍は軍人かね。うん、将軍といっているからには軍人なんだね」。つづいてかれは世界情勢について喋り、第三勢力の結成を語り「ロンドン・パリ・北京・東京枢軸ができたらすばらしい」と言った。

聞き手はこの話にあっけにとられ、「モスクワ抜きですか」と口をはさんだのだが、毛は通訳の言葉など気にもとめないようであった。かれは思いつきを喋ったようであったが、事実はそうでなかった。それより十日前、人民日報社説が新たに掲げた「中間地帯」戦略は、毛の語った第三勢力結成の話にイデオロギーの飾りふさをつけたものであった。

「中間地帯」戦略はそれ自体新しい発想ではない。進歩勢力が団結し、中間勢力をかちとり、帝国主義を孤立させねばならないといった戦術は、くりかえし説かれてきたお馴染みの題目だった。とはいっても、北京政府が外交分野で、「中間地帯」戦略をうちだしたのは、妥協と術策を認めた現実的な外交政策の採用であった。

「中間地帯」論は、中間地帯を第一中間地帯と第二中間地帯に分けたところが肝心な箇所であり、よりはっきりいえば、西欧諸国や日本を第二中間地帯とした点が眼目であり、さきに引用した毛の言葉から分かる通り、これら先進資本主義諸国との提携を可能にしたのである。

つづく毛の挿話は有名であり、中ソ関係を論じる人は引用を忘れない。この年の七月十日、かれは日本社会党の訪中使節団と会見して、つぎのように述べた。

「われわれは外蒙古を中国に返還してはどうかという問題を持ちだしたことがある。ところがかれら（ソ連）はそれはいけないと言った。……かれらのなかには新疆と黒竜江を自分の領内に入れたいと言った者がいる。かれらはいま辺境地帯で兵力を増強させている。……百年ほど前バイカル湖以東の地域がソ連領内に入れられた。あげればきりはないが、われわれはまだかれらとの間に決算が終わっていない」

かれはこのように語ることで、中ソ間に領土問題があることをあきらかにした。すでに北京は前年九月からこの年三月までに八回の論文を発表して、モスクワにイデオロギー攻勢をかけ、両党の間の往復書簡を公表することで、イデオロギー調整の会議を開く意思のないことを第三者にあきらかにしていた。

そしてこの年の後半、北京はその外交攻勢の全体の輪郭を浮かびあがらせた。対米接近の工作を開始したのである。北京政府は、ルーマニア、インドネシア、パキスタンの高官を通じて、北京側は大統領ジョンソンと会談を望み、アメリカとの関係改善を期待していると伝えさせた。たとえばカナダの元農林大臣アルビン・ハミルトンはこの年の末に北京で周恩来と会談したのだが、四年のちにつぎのように述べている。周はかれにアメリカ宛てのメッセージを託し、ハミルトンはこれを米上院外交委員会の秘密会合で伝えたのだという。中国はアメリカとの間の緊張を緩和したい、中国は十九世紀に奪われた領土を回復したいという内容だった。他の伝言では、ソ連の軍事圧力を告げたのだといわれている。

またミシガン大学の一教授が述べるところでは、このようなメッセージのなかで、米大統領が北京に密使を派遣するように求めたのだという。周恩来の言葉を直接聞くために、大統領ジョンソンが信任する人物を送るように望んだのであり、一九七一年の北京のやり方はここに原型があった。

だが、この時期に北京がソ連からの軍事脅威に憂慮し、米国に接近を求めたという話は受けとりがたい。米ソ対決は毛個人に動機があったとみるべきであろう。動機の第一は核問題というパンドラの箱であり、あけられた箱から猜疑心と分裂と憎悪の黒雲が湧きでてきたことにある。核をめぐり、中ソ両国の幹部たちが登場し、しかも双方それぞれの内紛がからむ、ペテンとおどしと陰謀が渦巻く十年のドラマは、やがてだれかが本を書くにちがいない。

動機の第二は国内にあった。毛は、部下たちが大躍進運動の後始末をするのに、かれの政治哲学を投げ捨て、かれら自身統治能力を持つことを示そうとした事実を忘れていなかった。またかれらの示唆で、地位の低い連中が、だれにもかれのことと分かる書き方で、偏執狂、誇大妄想狂と非難して、かれの威信を突き崩そうとしたことを忘れるはずもなかった。

かれは、このような非難がフルシチョフによってスターリンに投げかけられたものと同じであることも知っていたにちがいない。主人がつまずけば、待ってましたとのさばるような油断のならない召使いは、主人が死ねばなにをしでかすかは分かりきったことであった。

かれとすれば、この手合いを一日も早く片付けたかったのはいうまでもない。一九六二年九月、ソ連が核拡散防止条約をアメリカと結ぶ決意を中国へ通告し、中印国境ではインド軍が前進戦略をとり、台湾海峡でははじめて本物らしい「反攻」の叫びが高まっていたとき、かれはこの国際緊張にうまく乗じて、部下たちを守勢へ追い込んだ。

このときかれは試験的な名目ですすめられていた個人請負制の農業経営を非難した。正面きって批判されれば、その誤謬と罪悪性は党幹部たちにとって弁解の余地はなかった。後退して、敵を深く誘い込み、敵が誤りを犯すのをじっくり待って反撃をしかける毛の戦いのやり方だった。

それでもかれにできたのは、古参幹部がこぞって推していた彭徳懐名誉回復の運動を霧散させ、毛批判の世論工作を蹴散らしたまでで、幹部たちに対するおどしはおろか、下っ端の宣伝官僚をつるしあげることもできなかった。だが、これから二年もたてば情勢は一層かれに有利となっていた。かれは党内刷新工作をもう一つの工作と結びつける心算であった。

かれはこの時期に会ったフランス人たちに、古参幹部に対する怒りはほのめかしもしなかったが、若い世代に対する不信感は包み隠さずに語っている。かれらが大学生を賞めたとき、かれはなんの感興も示さなかった。かれらがびっくりして、学生たちは毛の著作を熱心に勉強し、かれを賞めたたえ、かれをあがめる詩をつくっているのを見てきたのだと躍起になって語っても、毛の顔はますます不快げになるだけだった。

かれは、学生たちが命令と服従のなかでこのように馴致されているだけだと答えた。かれは闘争の試練を受けない若者は役にたたないと信じ、青年たちを革命の場で行動させてこそ、創造性と自発性をひきだし、革命精神を燃えあがらせることができると考えるようになっていたのである。こうしてかれは、党の浄化に青年たちを参加させ、否定シンボルをソ連修正主義とする計画をつくりあげた。

毛沢東の戦線変更の計画はうまくいかなかった。ワシントンは北京政府のシグナルにとまどい、その真意を疑った。ワシントンの高官が憂慮していたのは南ベトナムの状況であり、南ベトナムの軍隊だけで解放戦線の攻撃に立ち向かうことはできないとみていた。南ベトナム政権の崩壊は近隣諸国に連鎖反応をひきおこし、インドネシアは共産化し、日本は中立化へ向かうかもしれないと懸念した。

その上、中国最初の核実験が近づいていることが分かっていただけに、その外交攻勢に拍車がかかることを恐れた。一九六五年二月からアメリカがベトナムに軍事介入した理由はここにあった。

毛沢東はアメリカとの了解工作がうまくいかないことが分かっても、ソ連との対決姿勢を変えず、フルシチョフが失脚しても、後継政権と和解を図ろうとはしなかった。一九六五年二月、かれはソ連新指導者コスイギンと北京で会談したが、ケンもほろろの態度だった。十一月、ソ連の党から関係改善の提案があったが、これをも拒否した。

もっとも、この一年にわたるソ連側のベトナムにおける「共同行動」の呼びかけに対する中国側の反応は、もう少し微妙なものがあったようである。国際的な反米統一戦線を結成すべきだと説いて、暗々裡に「共同行動」を支持する主張があり、戦争の脅威を叫びたてる声があった。いまあきらかなことは、党幹部たちは、なにかをはじめようとする毛を牽制しようとして、戦争の脅威を説き、毛の計画を突き崩そうとして、ソ連との関係改善を望んでいたのである。

すでに一九六四年の末、毛沢東は農村工作の方法を指示したなかに、「党内で資本主義の道を歩む実権派の粛清」の一項を入れていたのであり、かれが行動開始の機会を狙っているのは、党幹部だれもが知るところだった。結局、だれも毛の行動を阻止できないまま、文化大革命がはじまり、ソ連との間は絶縁状態がつづくことになった。

ところで中ソの絶縁は一九六九年春に国境の衝突事件がおきて極度に緊張した雰囲気に変わった。モスクワは恐喝にでて、中国側が緊張緩和の手段をとらないなら、ソ連は核兵器の先制攻撃を考慮していると脅迫の宣伝を流布させる一方、九月に首相コスイギンが北京を訪れ、緊張緩和の提案を受けいれさせようとした。北京は一歩譲歩して、国境問題の会談を開くことに同意はしたものの、実質討議を進展させず、行き詰まり状態とした。

つづいて一九七〇年一月十五日、ソ連は通常兵器、ミサイル、核兵器を含む武力不行使に関する特別条約案を手渡し、不可侵条約の締結を求めた。中国側はこれを拒否したが、このとき北京指導部内にはっきりと分裂がおきたように思える。林彪を中心とする軍首脳陣はソ連の提案を受けいれるように主張して、敗れたのであろう。一九六五年のソ連提案をめぐる北京指導部内の暗闘と同様、林彪の没落にも権力闘争と政策論争が絡みあっていたことはまちがいないが、対ソ対米の外交問題も大きな係争点の一つだったのである。

一九七〇年を通じて、林彪は対ソ関係の是正を避ける周恩来のやり方に焦慮していたのであろう。同様に周はその年はじめから積極的にアメリカに接近しようとしながら、カンボジアへの米軍介入にかこつけた林彪グループの巻き返しで、米中会議の中止を余儀なくされて不満をいだいていたのであろう。林はソ連との核戦争を恐れてソ連との関係改善を望み、周恩来はソ連に対抗するために対米接近を説き、毛は周の側に立ち、一九七一年一月のソ連提案で双方正面きっての衝突となり、半年あとの不満派の破滅につながったのであろう。この年春からの周恩来の外交攻勢のめざましい成功はここで述べる必要もなかろう。

ところで周と毛の二人三脚の外交政策は、再び毛が独断的な国内政策をおこなうことで犠牲にされることはないのであろうか。毛沢東になにかをくわだてる時間はないと思える。文革の開始が遅れ、およそ一年で終わるはずの予定が大幅に狂い、その再建も思うにまかせず、第二の大躍進運動の夢も消えた。かれの前にあるのは依然として指導部と党組織の再建工作であり、後継者の問題であり、まちがいなく近づいてくるのは舞台から退場の日である。

そこで後継者の問題となれば、自分の思い通りにことを運び、自己の天才にすべてをかけるかれのような人間が現われることはなかろう。かれ以外にはだれも、「党と国家の創設者である私は、自分がなにをやっているかよく承知しているし、自分がよいと思うことをおこなう権利がある」と叫んで、中央政治局委員すべての反対を抑えることなどできはしない。

後継者は実質的なキング・メーカーズである地方の有力な軍人たちの意向を無視できまい。かれらは毛主席がしてきたことを正しく評価していよう。かれは自分の理想像を判断の基準にしてきたのであり、実際に役立つというより、かれの好みにこたえるものであった。たとえば、今日の農業生産の水準と農民に集団的なものの考えを持たせるのに、はたして一九五五年のかれの号令、そして一九五八年の「三面紅旗」運動は必要だったのか。また青年と幹部たちに自己犠牲と献身の美徳を教えるのに、文革は役立ったのか。かれの急進主義と周囲の事情に譲歩した漸進主義は、どちらが近道で、回り道だったのか。

後継者が漸進路線を選んだとしても、分からないことがある。かれらは国民の訓練と教育をおこなうのに、否定シンボルを設定し、疑似的な革命の舞台をこしらえ、闘争をダイナモとする方法と訣別しようとするのか、それとも魅力あふれるものと考えるのだろうか。

だが、世界ゲームに参加するその外交がこのために犠牲にされることはなく、ソ連との関係も改善されよう。そしてこのさきの外交路線に周恩来の名前が冠せられることはまちがいなかろう。


（諸君!、一九七三・三月号）

〝文革の女帝〟が落ちるとき――江青夫人伝

I

　レーニンが没して、農民のあいだにひとつの伝説が生まれた。これはいつ頃のことであろうか。スターリンが血なまぐさい農業集団化を強行し、大饑饉で国土が荒廃するようになってからの話ではなかろう。土地を手に入れた農民が大いに働いて豊かになり、農村に活気があった時期のことにちがいない。

　この伝説はいう。一九二二年にレーニンは主治医を呼んで、つぎのように尋ねた。

「だれもがすべての仕事を私に背負わせている。私が死んだあと、一体ロシアがどうなるのかを知りたい。なにかいい方法はないだろうか」

　医者はつぎのように答えた。

「防腐保蔵の処理をほどこしたということにして、ガラスのケースのなかに入って、死んだふりをしていればよいでしょう」

レーニンはこのようにした。妻のクループスカと医者の二人しか、この秘密を知らなかった。かれの「遺体」は赤の広場の霊廟に安置された。

夜になってレーニンは秘かに起きあがった。ガラスのケースを抜けでて、廟をでた。かれはクレムリン宮殿へ秘かに入った。つぎに工場へでかけた。農村をも訪れた。かれはすべてに満足したのであろうか。伝説はそこまでは語っていない。

ところでこれと同じような伝説が中国で生まれても少しも不思議はなかろう。偉大な父親であり、導き手である毛主席は、決して死んではいないとささやかれるようになるにちがいない。毛主席は辺地の農村を見て回り、小さな工場を訪れ、訴えを聞き、激励し、いずこともなく去っていったといううわさが語りつがれることになるかもしれない。

だが、毛が光り輝くクリスタルの柩に横たわって三日目、さらに一カ月あとに柩から抜けでるということになると、これは素朴な伝説では済まなくなる。

毛沢東は北京の下町へ忍びでる。ポスターに人だかりがしているのに足をとめる。なにか異常な雰囲気である。かれは壁新聞をのぞいてびっくり仰天する。それこそ「廬山全山がけしとんだ」という思いがしたことであろう。

かれは自分の妻や甥が捕らえられ、自分の後継者として育てようとした男が逮捕されたことを知る。妻の江青、王洪文、張春橋、姚文元が「反党陰謀集団」ときめつけられ、「大乱の四人を打て」と非難されているのである。そして壁新聞は、かれの指示や遺言をこの四人がねじまげ、改ざんしてきたのだと告げている。

かれは自分に最後の別れを告げるために、ずらりと居並んだ部下たちの顔を思い浮かべてみる。どす黒い陰謀やら心配事を、そのまま表情にだすような連中がいないことはかれもよく知っている。一体、このような詭計を仕組んだ大悪党や野心家はだれなのか。悪辣な裏切りをしたのはだれなのだろうか。

そこでかれはそっと壁新聞を見入る人びとの顔を盗み見る。かれの死に心から嘆き悲しんだのと同じ人びとが、かれの妻や王洪文の没落に悼み悲しむ顔をみせないでいることに、かれはもう一度驚く。

怒りと悲しみでいっぱいのかれは壁新聞にむらがる人びとのあいだを離れる。かれはどこへ行こうとするのであろう。かれは捕らえられた妻のところを訪ねるのではないだろうか。

Ⅱ

中国では政府の高い地位についた女性の数は決して少なくない。まず清帝国の末期、一八六一年から一九〇八年まで中国全土を支配した女性がいる。西太后である。

ことしの四月はじめ、北京天安門広場で騒動がおき、群衆のなかから「西太后を打倒せよ」という声があがったといわれる。これが江青に対する非難の声であったのは間違いないところであろう。江青が西太后に似ているのかどうかはあとでみるとして、西太后は自ら比類なき女性と称し、権力と策謀に情熱を燃やし、演劇好きで、大変な虚栄心を持った女性であった。

彼女は貧しい満州貴族の家に生まれたが、少女時代からなみなみならぬ野心をいだいていた。いいなずけがいたが、すすんで皇帝のお后選びに応じ、皇帝の愛情と信任をひとり占めするようになった。

皇帝が熱河で病気になったとき、彼女はまだ二十六歳の若さだった。皇帝がいよいよ危篤となったとき、皇帝の弟である二人の親王が自分たちに都合のよい遺言をつくって、皇帝に署名をさせた。

怒り狂った西太后は素早く策略をめぐらし、北京に残っているもうひとりの親王・恭親王と連絡をとった。二人の親王と側近たちの計画をくつがえそうとしたのである。

彼女は熱河から近道をいそぎ、皇帝の遺骸よりはやく北京に着いた。六歳になる実子の同治帝を擁立し、恭親王を、その輔政にすることにした。

つづいて彼女は憎むべき政敵の不意を襲って捕らえ、二人の親王には自殺を命じ、他の者を斬首の刑に処した。このあと彼女は、恭親王からも政治の実権を奪った。全権力を握った彼女は、壮大な儀式に熱をあげ、豪奢な浪費をして、宦官を重用し、冷酷で無慈悲な権勢をふるったのである。

西太后なきあと、彼女ほどの絶大な権力を握った女性は現れていない。二人の姉妹が政界に登場するが、ずっと小粒である。

ひとりは宋慶齢である。アメリカ留学から帰国した彼女は、父親が政治資金を与えている孫文の秘書になろうとした。ところがこの二人は顔をあわせるやいなや結婚へゴールインすることになった。彼女は二十歳、孫文は四十六歳、孫にはあわてて別れた前夫人とのあいだに慶齢と同じ年の息子がいた。

一九二五年に孫文は没した。慶齢は孫文と十年間一緒に生活しただけだった。孫の後を継いで権力を握ったのが蔣介石である。蔣は慶齢の妹の美齢と結婚した。慶齢は蔣を徹底的に嫌った。張学良が西安で蔣介石を捕らえたときには、彼女は義兄の孔祥熙につぎのように語っている。

「張学良のしたことは正しかった。ただ私ならあれだけでは済ませなかったでしょう」

彼女は中共党が中国を支配したとき、新政権に加わり、今日まで飾りものの役を演じてきている。毛沢東の弔問式がおこなわれたときにも、彼女は遺体につきそった国家指導者のひとりだった。

慶齢が実質的にはなんの力も持たなかったのと比べれば、妹の美齢は中国指導者の夫人として大きな権力を持っていた。対米外交になかなかの力を発揮し、ひとつの政治勢力を形成して、夫を助けた。

つぎに中共党の女性たちが、男女平等を唱えるだけあって、中共党はその創立時期から女性の活動家が多かった。彼女たちがこの小さな政治グループのなかから結婚相手を選んだのは必然の成り行きだった。

夫たちの政治舞台が拡大し、やがて中国全土を支配するようになったとき、妻たちの政治的地位もそれにつれて上昇することになった。脱落者のあとを新参者が埋め、その顔ぶれは少しずつ変わったが、大部分は同じ顔ぶれだった。

この小さなグループのなかで、夫たちが角をつきあわせれば、その妻たちもいがみあい、彼女たちが夫の地位があがるのをじりじりしながら待っていたのは、当然な話であって、珍しいことでもなんでもない。毛沢東の妻である江青もそのなかのひとりだった。

Ⅲ

江青は、毛沢東の三度目の妻である。毛の最初の妻の楊開慧は初恋の女性だった。毛が江西でゲリラ活動をしていたとき、子供とともに長沙に残っていた。一九三〇年十月に彭徳懐の軍隊が長沙を占領した。十日間で撤退したが、このあと楊は捕らえられ、処刑された。八歳の岸英と七歳の岸青の二人の男の子があとに残された。

六年のちに中共党は二人を探しだし、ソ連へ留学させた。のちに岸英は朝鮮戦争で行方不明になった。岸青については、毛沢東が「頭がおかしい」と語ったことがある。現在五十三歳になっているはずである。

楊が殺されたあと、毛は賀子貞と結婚した。三人の子供が生まれたが、長征の途中でその地の農民に預けることになった。のちに探したがみつからなかったといわれる。陝西に着いてからは、彼女は夫としょっちゅう口論していたようだ。なにが原因だったのかは分からない。一九三八年ごろ、彼女はソ連へ行った。夫と別れるつもりであった。

そこで三人目の妻の江青だが、彼女は一九一三年の生まれ、本名は李雲鶴、済南の師範学校を卒業して、上海の映画界へ入った。この時期に彼女は中共党へ入党している。国共合作があって、左派の影響力が文化分野に拡大していたときであったから、珍しいことではなかった。彼女は二度結婚し、二度とも別れている。

一九三八年に彼女は延安へ行った。延安へ向かう女優は何人もいた。上海の大女優だった陳波児はそのひとりである。陳は周恩来にすすめられて延安へ行った。もっとも延安で女優の仕事はなかったから、彼女は慰問団を編成して、農村を巡回した。

江青は魯迅芸術院に就職して、文工団員を教えた。彼女はここで毛沢東に会った。毛は彼女をどのようにみたのか。向学心に燃えた可愛い女だと受けとったにちがいない。勿論、彼女も延安で一番偉い人物にそうみてもらいたかったのである。やがて彼女はかれの愛顧を受けて、かれの事務所で働くようになった。一九四〇年秋に二人は一緒になる。毛は四十六歳、彼女は二十七歳だった。このとき、毛は彼女に江青の名を選んだのだという。

延安で二人の子が生まれた。李敏と李訥である。この当時、中共党は子供に父姓、母姓のどちらをつけてもよかったから、母方の姓をつけたのである。毛は子供たちを可愛がり、暇があればかれらの相手をしていたのだという。

江青が政治活動をはじめたのは、一九六〇年代に入ってだが、それ以前に一度ある。一九五一年に「武訓伝」という映画が批判されるという事件がおきた。このとき彼女は文化部の映画事業指導委員会の委員だった。彼女が夫に語ったのがきっかけとなったのかどうかは分からないが、夫がこの映画を批判したのが整風運動の発端となった。このあと彼女は李進という偽名を使って、この映画の主人公の史実調査に加わっている。彼女は古巣の映画界でもう少し高いポストに坐りたかったにちがいない。だが、一九五四年に政務院が国務院に改組したとき、映画事業指導委員会は廃止され、彼女は職を失っている。夫は彼女が外へでるのを嫌ったばかりでなく、宮廷政治の芽が生えるのを怖れたのかもしれない。中ソ友好協会の理事だったのも同じころ辞めている。

彼女は北京・中南海の家で子供を育て、だれともつきあわないようになった。恐らく難しい話をすることもなく、勿論のこと、陰謀にくみせず、だから罠にかかることもなく、退屈ではあっても、平和な生活を送ることになったのであろう。

Ⅳ

毛沢東がつくった詩に、「李進同志のために、その写した廬山仙人洞の写真に題す」といった七言絶句がある。

竹内実氏の訳を借りる。

「暮色　蒼茫たるなかに勁《つよ》き松を看る
乱雲　飛び渡れどもなお従容
天が生《つく》りし　一個　仙人洞
無限の風光　険峯に在り」

この詩は一九六四年一月に刊行されたかれの詩集に収められ、李進の写真は同じ年四月十一日付の『人民日報』に載せられている。写真を写した李進が江青であるのはいうまでもない。一九七三年三月、松山バレエ団が中国を訪問したとき、公演の日に江青が現れた。彼女は清水正夫団長と握手をして、「しばらく、九年ぶりですね」と語った。

その翌日、江青から写真が贈られてきた。裏に「廬山仙人洞」のタイトルがついて、「江青撮」のサインがあった。

つけ加えるなら彼女は写真の趣味を持つ。一九七一年九月はじめに発売された『中国画報』に、林彪の写真が載せられている。頭が禿げているのを気にして、帽子を脱いだことのない林が、無帽で写っている珍しい写真である。

「象徴的な仮面剝奪」と語った人がいるが、これが林の公にされた最後の写真だった。この写真に読者がちょっぴり戸惑ったころ、林彪が乗っていたといわれる飛行機はモンゴルの沙漠に墜落していた。この写真をとったのが江青である。

「仙人洞」の写真にも、江青が言わんとすることが隠されているように思える。それがなんであるかは、毛の詩がつくられた一九六一年九月という時期が鍵になろう。

一九五九年の夏に、国防部長の彭徳懐は毛の大躍進運動を激しく批判した。前もって彭は同僚たちを味方につけ、自分が多数派を代表すると確信していたようだ。毛沢東は舞台裏で各個撃破の戦術にでた。議場では、かれは喋りまくり、わめきちらし、ときにオーバーに傷心の態を装い、一転して激しく反撃したのだった。

毛は多数派を味方につけ、どうにかこの危機を乗り切った。彭徳懐は自己批判をして、その地位を追われることになったのである。だが、毛が勝利を収めたのは、自分が強行した大躍進運動が失敗しかけていることを承知して、劉少奇を国家主席に据えていたからである。

勿論、劉少奇は彭徳懐の主張が正しいことを知っていた。それでいて劉が毛の側についたのは、毛の相続人としての地位をごたごたなしに固めたいと望んでいたためである。

翌一九六〇年はじめから、劉少奇は農業・工業・文教政策の根本的な手直しをはじめた。毛主義の政策から脱却し、毛の犯した誤りを取り除いた。ところで劉をはじめ党幹部たちは、新政策を定着させるためには、彭徳懐の名誉を回復しなければ実際の仕上げにならないことを承知していた。彭徳懐の復権を認めないなら、かれの主張を具体的な形にした新政策は、いつでも毛から反撃される危険をはらんでいたからである。そこで劉は自分の地位をしっかりと固めるためにも、大躍進運動のはっきりした否定と彭の名誉回復をつぎの目標とすることになった。

この世論工作を開始したのが、北京を牛耳る党幹部彭真《ほうしん》の部下たちである。呉晗《ごかん》は一九六一年二月、『海瑞・官を罷免さる』という題の京劇を上演した。つづいて呉晗とその仲間たちは歴史の逸話や寓話の形を借りて、彭徳懐の名誉回復を訴え、毛を過去の遺物と批判し、経済をでたらめにもてあそんだと攻撃するようになった。

毛は自分に対してのこのような攻撃を知らなかったはずがない。かれは部下たちの目の色のなかに、かれに対するうんざりした色や、二心が見え隠れしていることを承知していたであろう。

だが、かれはかれらを怒鳴ることができなかった。中国全土が荒れ放題となり、食糧不足がつづき、栄養失調による死亡者が続出していたが、これらはすべて毛の責任であった。かれが弱気になっていたのも無理からぬことであった。

このようなときに毛を励ましたのが、かれの傍にはべる江青だったのであろう。彼女は夫を取り囲む露骨な敵意と非難に憤激していたにちがいない。彼女は夫に向って、だれが皇帝なのかしっかり連中に教え込まねばならないと説き、助力したいと訴えたのであろう。毛は再起の決意を妻に語り、彼女の協力を受け入れたにちがいない。「仙人洞」の詩は夫婦の黙契となるものだったのである。

こうして彼女が党主席のかげで目立たぬように生活する日々は終わることになった。彼女は夫をひとり占めにして、夫のために働くようになる。彼女は力を蓄え、いつでも舞台に躍りだせる準備を開始する。

やがて夫の敵を分断し、粉砕するときがくれば、そのときは彼女自身にとっても華麗な栄達の道が開けよう。そのときに使うペンネームは、彼女が写した写真、そして夫がつくった詩の主題である「勁松」となる。

V

一九七二年八月に江青はアメリカ人の女性に向かって自分の話をしたことがある。話した相手はニューヨーク州立大学の助教授ロクサーニ・ウイトケ女史である。

ウイトケ女史は中国における婦人の地位を調べたいと考えて、中国を訪問した。彼女は江青に招かれた。ウイトケ女史は江青に向かってつぎのように水を向けたのだという。

「中国では、あなたは自伝を書くことはできません。あなたにかわって、だれかに書かせたらいかがでしょう」

江青はウイトケ女史にこれを頼んだ。七日間、六十時間にわたって彼女は話をした。はじめは北京で、つづいて広州でおこなわれ、同席したのは姚文元ひとりだった。

ウイトケ女史は昨年発表した『中国社会の女性』という本のなかで、このインタビューにもとづく、江青の話を載せている。やがて女史が発表する「江青伝」の一部となるものだという。

江青が語った内容で興味深いのは、江青が五一六に触れていることである。彼女はなぜこれについて語ったのであろう。彼女は五一六が自分を首切り台へ連れていくことになるかもしれないと恐れていたにちがいない。それだからこそ、五一六と自分のかかわりあいについて怪しげな話をしたのであろう。

五一六は五一六兵団と呼ばれる。実際にこのような組織があったかといえば、いたって疑わしい。それはともかく、文革中に党機関・国務院を襲い、幹部たちをつるしあげ、軍機関に侵入した連中は、その首謀者たちがいずれも「不法組織」五一六兵団の所属分子として断罪されたのである。この五一六兵団の黒幕は、現在までのところでは林彪だとされている。勿論、これは正しくない。首領は江青であった。

話ははじめからしよう。

前に語ったように、江青は夫と相談して、反撃の準備のために夫の手助けをすることになった。彼女は演出家や俳優を集めて、新しい京劇をつくり、模範的な作品を選びだそうとした。彼女のこの活動は、党幹部や文化部門の責任者たちの冷笑と軽蔑を買ったが、毛と同一歩調をとる彼女の動きは人びとを警戒させることにもなった。

はたして砲撃がはじまった。一九六五年十一月に、上海の新聞が呉晗の歴史劇『海瑞・官を罷免さる』を激しく批判する文章を載せた。江青が指揮し、張春橋が手を入れ、毛が目を通したといわれ、執筆者は姚文元だった。

北京を牛耳る彭真は自分の足元が切り崩されようとしているのを知った。勿論のこと、かれはこの攻撃が呉晗にとどまらず、その背後の自分にまで及ぶことを承知していた。彭真はこの攻撃を学術・文化の問題として片付けようとした。かれはこのために他の幹部たちと共同戦線を張った。だれもが、毛夫婦の気紛れと怒りがどんな形で広がるのかを測りかねていたのである。

この危機をはらんだ時期に、毛は林彪を味方に加えた。軍が毛の側についたことで、秤のバランスは崩れた。一九六六年五月十六日、毛は指示をだし、学術闘争に限定した彭真の方針を否定した。彭真と党の文化部門の幹部たちが追放され、新たに文化革命小組がつくられることになった。

この小組は中央政治局常務委員会に付属した。第一副組長に江青が就任した。やがて中央文革と呼ばれるようになるこの機関は江青を文革の最高人物にのしあげることになったのである。ところで江青はのちにウイトケ女史に向かって、文化革命小組の名に触れることなく、五一六小組がこのときつくられたのだと語っている。だが、文化革命小組が五一六組と呼ばれたことはなかったはずである。五一六と名付けられた組織は五一六兵団以外になく、これがつくられたのは翌一九六七年の春ということになっている。

江青は聞き手をごまかし、はぐらかそうとしたのだが、案外正直に語ったことにもなる。五一六小組も、五一六兵団もありはしなかったのだし、あるといえば両方ともがあったのである。すなわち、江青が統率する文化革命小組であり、その指揮下にある先兵たちの組織であった。

話を前に戻せば、毛の五月十六日の指示がでたことで、劉少奇は犠牲を彭真と党の文化・宣伝部門だけでくいとめようとした。だが、毛はこれでやめる気はなかった。かれは青少年を動員した。江青のサロンに出入りする若手理論家たちが文化革命小組の組員となり、大学生を煽動し、指揮をとり、各地に連絡員を派遣した。

最初は全くの茶番劇だった。やがてそれは恐るべき白昼夢となった。攻撃する側の学生たちにしても、攻撃される側の党幹部にしても、これが現実のこととは思えなかったにちがいない。だが、実際に党の中央書記処はたたき潰され、中国の党という重々しい機械を運転する人びとはいなくなった。そして党の下部機構、地方の党機関も打ち壊され、幹部たちはいずれもつるしあげられることになったのである。

かたや江青はといえば、毛とともに天安門に並び立ち、古参幹部たちを小僧っ子扱いにして、国務院の部長クラスを叱りとばしていた。いまや彼女は、権力の中枢そのものであり、かつて上海の二流の映画女優であった姿を思い浮かべることは難しかった。しかし、その身のこなし、臨機応変の演技力、さらにその陰湿な対抗心は、女優時代から彼女が持ちつづけてきたものであった。

Ⅵ

一九六七年二月、北京で中央工作会議が開かれた。まだ失脚していない党幹部たちは、毛がはじめた運動に対する激しい批判をぶちまけた。とりわけかれらは江青のでたらめな行動を非難した。攻撃の先頭に立ったのは譚震林だった。かれは追放された幹部たちの名誉回復を直ちにおこなえと要求し、党大会の開催を迫った。

毛がどのように反論したのかはあきらかでないが、かれが最後に喋ったせりふはよく知られている。「君たちがどうしてもやるというのなら、私は林彪と葉群の夫婦を連れて井崗山《せいこうざん》へ行ってゲリラをやろう。江青はここへ残していくから、どうでもいいようにしてくれ」

本当は毛沢東はこのような虚勢と威しをやめて、この運動をこのとき収拾すべきだったのである。そうすれば、このあと二年間つづく無意味な殺し合いと破壊を避けることができたであろう。

また憎悪と怨恨とおべんちゃらが人びとを傷つけることもなかったのである。

そして江青の悪名を全世界にとどろかせ、文革は彼女の復讐劇ではなかったのかと疑わせた、劉少奇夫人・王光美に対する狂気じみたつるしあげなどはおきなかったにちがいない。劉少奇が断罪されることもなかったであろう。

そしてまた江青にとってもっとも重要なことといえば、有能な紅衛兵指導者、若手の組織家を失わなかったはずである。要するに江青は運動をつづけたがために、彼女の勢力どころか、彼女の首をも失うことになる。

毛は妻の怒りと訴えにひきずられたのであろうか。二月の会議が流会に終わったあと、直ちに江青の反撃がはじまった。譚震林は失脚させられた。

江青は国務院を攻撃し、周恩来をたたき落とそうとした。彼女はまた秘かに地方の軍区司令官を追放し、軍を傘下に置こうとも考えた。

江青の手下たちは北京では各国公館にデモをかけ、抗議をおこない、外交責任者である周恩来を窮地へ追い込み、かれをひきずりおろし、国務院を制圧しようとした。

また地方の都市では、江青の部下や代理人たちは、軍が秘かに肩入れしている保守派の学生・労働者組織と戦い、暴力とテロを蔓延させて、軍の威信を奪い、軍の強硬手段を誘い、中央への反抗をしたということで、軍区司令官を追放する口実にしようとした。

だが、この二つの作戦は、際限のない混乱をひきおこしただけであった。

こうして軍区司令官たちは毛と対決することになった。毛は軍を敵にまわすことができなかった。この結果、文化革命小組の北京のメンバーと紅衛兵の指導者が、切り捨てられることになった。

かれらは五一六兵団の反革命分子として追放された。江青がしばらくのあいだ失意と悲嘆のどん底にあったことは間違いない。このあと彼女は無傷の上海の仲間とともに、自分たちの勢力の再建にとりかかることになる。

ところが一九七一年に各地の急進分子はもう一度追い打ちをかけられることになった。これも毛夫婦が苦肉の策をとった結果である。毛は自分の大きな構想が予想に反する成り行きとなったことに失望し、林彪だけが自分の勢力を拡大したことで腹を立てた。

毛は林の力をそぐために、林の軍中央と地方の軍区司令官のあいだを裂こうとした。軍区司令官を味方に引き入れるために、かれらに各省の党第一書記の椅子を与えたのである。

だが、強大な力を持つようになったばかりか、猜疑心の固まりとなっている軍区司令官に対して、毛はさらにはっきりとした保証を与えねばならない羽目となった。文革中に活躍した連中を「極左派」「五一六分子」として弾圧することを認めねばならなかったのである。こうして江青の指導で文革中に活動した若者たちはきれいさっぱりと片付けられてしまった。

江青はウイトケ女史に向かって、五一六について責任逃れの逃げ口上を言うにとどまっている。だが、彼女がはっきりと語るのであれば、つぎのように述べたはずである。「文革を担った理想主義的な学生、血の気の多い正義感にあふれる労働者、党主席の指示通りに動いた忠実な下級党員、文革のすべての英雄を私は失ってしまった。文革は失敗に終わったのです」

VII

話は最初に戻る。

毛沢東はいまや妻とその仲間たちの身にふりかかった災厄を知った。激しい感情の嵐はかれ自身が驚くほどはやく収まったにちがいない。冷静に考えれば、すべては予想外の出来事ではなかったことがかれにも分かったはずである。

忠誠心に燃えた眼差しでかれを仰ぐ若い世代に、かれは懐疑と反抗をあおった。だが、かれのこの大構想は、大躍進の壮大な夢と同じように実現することはなかった。この十年のあいだ、無理とごまかしを重ね、空虚なスローガンを叫び、訳の分からない運動を繰り広げることになったのである。

江青とその仲間は、この失敗の原因が自前の軍隊を持たないためであったと考え、自分たちの意のままに動く民兵を拡大強化しようとした。

毛もこれを支持したにちがいない。だが、これは正規の軍隊を警戒させ、軍が第二の軍を決して許さないことを無視した甘い計画であった。

一体、毛は江青を自分の後継者にしようと心から考えてきたのか。林彪が没落したあと、周恩来に対する攻撃をつづけさせたところをみれば、それを考えていなかったとはいいきれまい。かれは、江青があまりにも敵の多いことを考慮して、年若い王洪文、新参者である華国鋒をひきあげたのだし、鄧小平を追放したのでもある。

もう三年か四年ほどかれが元気でいれば、江青とその仲間は党の権限の分散を図り、下部組織に大きな力を与え、若い世代に強固な根を張ることができたかもしれない。だが、これはいまとなっては繰り言である。

毛沢東は江青のところへ行こうとするのか。かれは井崗山へも行かないし、妻のところへも行かないだろう。かれは自分の柩のところへ戻り、永遠の眠りにつくことになろう。

恐らく江青は夫が来ないことを承知していよう。夫が来ないなら、来なくてもいいと彼女は考えているにちがいない。彼女は夫のためにつくしてきた。たしかに激情のおもむくままに行動したし、のぼせあがったプリマドンナのような振る舞いをしたこともある。

だが、陰謀家と裏切り者に囲まれて、荒々しく張りつめた態度でいなければならなかったのだと彼女は答えるであろう。

彼女はまた指導者であるとともに理論家にもなろうとして、文化路線の検察官をきどった。毛の一番の欠点を猿真似しようとしたのだが、彼女が夫の忠実な生徒でありたいと望んでのことであれば、これを責めてもしかたあるまい。

権力を失えば、徳も失われる。彼女のすべては否定され、さげすまれることになる。だが、夫の危機に際して、きわだった献身を捧げ、夫を再起させもう一度中国の導き手としたのが自分なのだと彼女は誇ることができる。

彼女は夫に対して裏切り者ではなかった。反逆者は勝利を収めはしたが、かれらは彼女の夫を賞めたたえねばならない。

そこで毛が犯した失敗はすべて彼女が負わされることになる。恐らく彼女はこれを慰めとするにちがいない。

（週刊サンケイ緊急増刊、一九七六・一一）

著作一覧（『山本五十六の乾坤一擲』以外はすべて草思社刊、文庫は草思社文庫）

『毛沢東五つの戦争——中国現代史論』（一九七〇年、二〇一二年文庫化）
『周恩来と毛沢東——周恩来試論』（一九七五年）
『横浜山手——日本にあった外国』（一九七七年）
『昭和二十年』（第一部）
1　重臣たちの動き［1月1日〜2月10日］（一九八五年）
2　崩壊の兆し［2月13日〜3月19日］（一九八六年）
3　小磯内閣の倒壊［3月20日〜4月4日］（一九八七年）
4　鈴木内閣の成立［4月5日〜4月7日］（一九九〇年）
5　女学生の勤労動員と学童疎開［4月15日］（一九九四年）
6　首都防空戦と新兵器の開発［4月19日〜5月1日］（一九九六年）
7　東京の焼尽［5月10日〜5月24日］（二〇〇一年）
8　横浜の壊滅［5月26日〜5月30日］（二〇〇一年）
9　国力の現状と民心の動向［5月31日〜6月8日］（二〇〇一年）
10　天皇は決意する［6月9日］（二〇〇二年）
11　本土決戦への特攻戦備［6月9日〜6月13日］（二〇〇三年）
12　木戸幸一の選択［6月14日］（二〇〇八年）
13　さつま芋の恩恵［7月1日〜7月2日］（二〇一二年）

『日米開戦の謎』（一九九一年）
『横浜富貴楼お倉――明治の政治を動かした女』（一九九七年）
『「反日」で生きのびる中国――江沢民の戦争』（二〇〇四年、二〇一三年文庫化）
『原爆を投下するまで日本を降伏させるな――トルーマンとバーンズの陰謀』（二〇〇五年、二〇一一年文庫化）
『近衛文麿「黙」して死す――すりかえられた戦争責任』（二〇〇七年）
『山本五十六の乾坤一擲』（二〇一〇年、文藝春秋）
『それでも戦争できない中国――中国共産党が恐れているもの』（二〇一三年）
『鳥居民評論集　昭和史を読み解く』（二〇一三年）

鳥居民・略年譜

（未詳の点が多いので、便宜的なものとお考え下さい――編集部）

昭和三年（1928）一月十九日、東京市牛込区若松町にて、池田春次・敏の一男一女の長男として生まれる。本名池田民。生家は代々、牛込に住む御家人だったという。

父親の早稲田大学の同期に原三渓の子息がいて、その縁で父は原合名社につとめるようになり、それに伴って横浜本牧に転居する。現三溪園内に居住していたという。

神奈川県立横浜第一中学（現希望ヶ丘高校）を卒業。戦時中は勤労動員、大分への疎開などを経験。戦後は水産講習所（後東京水産大学、現東京海洋大学）に進み、農業経済を学ぶ。

昭和三十二年（1957）から三年間、台湾政治大学に留学（昭和三十三年からの説もあり）。李登輝（後総統）等、台湾の知識人と知己を得る。

台湾留学から帰国後、台湾独立運動に関わり機関誌『台湾青年』の編集に参加する。当時の姿は独立運動の指導者の一人、黄昭堂氏の自伝『台湾建国独立運動の指導者・黄昭堂』（自由社）に以下のように書かれている。

我々は1960年4月に『台湾青年』を創刊したが、その年の9月1日に開かれた臨時政府の記念会には、王育徳と私も参加した。民族衣装を着て大統領の記章を付けた廖文毅は、ショーマンシップを遺憾なく発揮して、演説を行った。それから数人が話した後、司会者はいきなり、「東京大学留学生の黄昭堂さんにお話を賜りたいと思います」と言った。出席者は100人ほどだったと思うが、私はこのような臨時政府の公開の会合で話をしたら、台湾に帰れなくなると思った。私が黙っていたら、一人の日本人が立ち上がって話し始めた。いったいどんな人物だろうと思って、会合が終わった後、王育徳と私は彼を喫茶店に誘った。彼の名は鳥居民と言った。彼は東京水産大学を卒業して、1958年から1960年にかけて、台湾の政治大学に留学した。帰国するときに鳥居は、台湾で出版されている『自由中国』、『人間世』、『新聞天地』や、かつて発行されていた『観察』など、膨大な資料を持ち帰った。

彼は、積極的に我々の活動に参加したが、まず『台湾青年』第4号（1960年10月刊）に鄭飛龍のペンネームで文章を書いた。その後、彼はいろんなペンネームを使って、『台湾青年』に多くの文章を書いたが、内部では「鄭飛龍」と呼ばれるようになった。彼の台湾に関する知識は驚くべきもので、我々は彼を「台湾問題の生き字引」と評した。私は、後に横浜の彼の自宅を訪問したが、彼の書斎を見て驚いた。台湾問題に関する日本語、中国語、英語の新聞や雑誌の切り抜きが、問題別に分類されていて、いつでも利用できるようになっていたのである。（『台湾建国独立運動の指導者・黄昭堂』自由社、一一六〜一一七頁）

1961年6月、台湾の農林復興委員会の委員であった李登輝は、東京大学農学部に招かれて講演を行った。同農学部の大学院生だった廖春栄と台湾に留学していた時代から李登輝と知り合いだった鳥居民は、夜0時頃、李登輝を台湾青年社の事務所でもあった王育徳宅に連れてきた。深夜にしたのは、李登輝が台湾独立運動家と会ったことを国民党に知られないようにするためである。彼に会ったのは、王育徳、廖春栄、鳥居民、私（黄昭堂）の4人で、主として農業改革の問題や農民が政府に搾取されている問題を論じたが、台湾独立については、何も語らなかった。（同書一二六頁）

昭和三十八年（1963）、石川冬美子と結婚。

この頃、友人の加瀬昌男が鳥居の台湾レポートを村上一郎の雑誌に持ち込み、村上が鳥居民というペンネームを付けて原稿を掲載する（雑誌名未詳）。

1960年代末頃より、加瀬昌男の起こした出版社、草思社にて出版企画の顧問的立場として、翻訳本の選択など、さまざまな助言をするようになる

昭和四十五年（1970）、草思社より『毛沢東五つの戦争——中国現代史論』を刊行。

昭和六十年（1985）、草思社より『昭和二十年』第一巻「重臣たちの動き」刊行。

平成五年（2005）、「産経新聞」正論メンバーに加わり、以後同紙「正論」欄にて中国時評等に健筆を揮う。

平成十八年（2006）、第十二回横浜文学賞受賞。

平成二十四年（２０１２）、『昭和二十年』第十三巻「さつま芋の恩恵」刊行。シリーズは未完に終わった。

平成二十五年（２０１３）一月四日、急性心不全により急逝。享年八十四歳。

著者略歴

鳥居民《とりい・たみ》

昭和3年東京に生まれ横浜に育つ。横浜一中（現希望ヶ丘高校）卒。その後水産講習所（現東京海洋大学）をへて、台湾政治大学へ留学、独立運動に関わる。昭和40年代より著述をはじめる。中国現代史、日本近現代史、横浜郷土史などで多くの著作を残す。著書に『毛沢東五つの戦争』『周恩来と毛沢東』『横浜山手』『日米開戦の謎』『昭和二十年・既刊13巻』『原爆を投下するまで日本を降伏させるな』『横浜富貴楼お倉』『「反日」で生きのびる中国』『近衛文麿「黙」して死す』『それでも戦争できない中国』『鳥居民評論集　昭和史を読み解く』（いずれも草思社）『山本五十六の乾坤一擲』（文藝春秋）などがある。平成25年、心不全で急逝、享年84歳。

鳥居民評論集

現代中国を読み解く

2014年7月23日　第1刷発行

著　　者　鳥居　民
装 幀 者　清水良洋（Malpu Design）
発 行 者　藤田　博
発 行 所　株式会社 草思社
〒160-0022　東京都新宿区新宿5-3-15
電話　営業 03（4580）7676　編集 03（4580）7680
振替　00170-9-23552

本文組版　株式会社キャップス
本文印刷　株式会社三陽社
付物印刷　日経印刷株式会社
製　　本　大口製本印刷株式会社

ISBN978-4-7942-2065-3 Printed in Japan　検印省略

http://www.soshisha.com/